# REFLEXOTERAPIA
usando massagem nos pés

Dados Internacionais de Catalogação na Publicação (CIP)
(Câmara Brasileira do Livro, SP, Brasil)

Goosmann-Legger, Astrid I.
　　Reflexoterapia : Usando massagem nos pés / Astrid I. Goosmann-Legger ; [tradução Maria Lúcia G. Cavinato]. — São Paulo : Ágora, 1997.

　　Título original: Zone-therapie door voetmassage
　　ISBN 85-7183-532-2

　　1. Massagem 2. Reflexoterapia I. Título.

96-5071　　　　　　　　　　　　　　　　CDD-615.822

Índices para catálogo sistemático:

1. Massagem : Terapêutica 615.822
2. Massagem reflexogena : Pés : Terapêutica 615.822
3. Reflexoterapia : Massagens terapêuticas 615.822

# REFLEXOTERAPIA

usando massagem nos pés

Astrid I. Goosmann-Legger

EDITORA
ÁGORA

Do original em língua holandesa
*Zone-therapie door voetmassage*
*Copyrigth* © 1991 by De Driehoek BV Amsterdam, The Netherlands *Zone-therapie door voetmassage*

*Tradução:*
Maria Lúcia Cavinato
(a partir da língua inglesa)

Proibida a reprodução total ou parcial
deste livro, por qualquer meio e sistema,
sem o prévio consentimento da Editora.

**EDITORA AFILIADA**

Todos os direitos reservados pela
  Editora Ágora Ltda.
  Rua Itapicuru, 613 – 7º andar
  05006-000 – São Paulo, SP
  Telefone: (11) 3872-3322   Fax: (11) 3872-7476
  http://www.editoraagora.com.br
  e-mail: editora@editoraagora.com.br

# Sumário

*Apresentação à edição brasileira* ............................ 7
*Prefácio* ................................................. 9
*Introdução* ............................................... 11

### Parte I
*Os fundamentos da massagem nos pés* .......... 13
Possibilidades e limitações / Origens da reflexoterapia podal / O lugar da reflexoterapia podal na medicina oriental / Importância na medicina ocidental / O que é reflexoterapia / O homem como um todo / Uma combinação de possibilidades

### Parte II
*O que os pés revelam* ...................... 25
O que os pés revelam /O que mostram os pés? /Como são os pés ao toque? / Qual o cheiro dos pés? / Influências externas nos pés / Efeitos preventivos da reflexoterapia

### Parte III
*A massagem em si* .................... 33
A relação entre paciente e terapeuta/ Velocidade, ritmo e profundidade da massagem / A técnica e o procedimento da massagem nos pés / Dor durante o tratamento / Indicações e contra-indicações / Abordagem direta e indireta dos sintomas / Número e freqüência dos tratamentos / Reações durante o tratamento / Reações após o tratamento / Instrumentos auxiliares/ Auto-ajuda / O terapeuta com deficiência visual

*Parte IV*
*A posição dos reflexos*.................. *49*
Diafragma / Plexo solar / Pituitário / Músculos do pescoço / Ouvido interno / Tireóide / Articulação dos ombros / Pulmões / Fígado / Vesícula biliar / Coração / Baço / Esfíncter pilórico / Pâncreas / Intestino Grosso / Intestino Delgado / Junção ileocecal / Rim / Bexiga / Coluna vertebral / Vértebra lombar / Nervo ciático / Útero / Próstata / Testículos / Ovários / Pélvis /Quadril /Joelho / Sistema linfático

*Parte V*
*As áreas de projeção no pé*................ *105*
Introdução à massagem / As áreas da cabeça / As zonas do tórax / As zonas da cavidade abdominal / A coluna vertebral / A pélvis / Reflexos de órgãos no lado interno dos pés/ O sistema respiratório

*Parte VI*
*Lista de alguns problemas comuns e métodos de tratamento*. *123*
Abscesso / Acne / Alergias / Bexiga, prolapso / Cálculos renais / Cicatrizes / Constipação / Costelas, ferimentos / Cotovelo de tenista / Dentes / Distúrbios da visão / Distúrbios do fígado / Distúrbios do ouvido / Distúrbios menstruais / Dor de cabeça / Dores nas costas / Dores nos seios, pré-menstrual / Edema / Enurese noturna / Enxaqueca / Gravidez / Hemorróidas / Infecção da bexiga / Infertilidade / Menopausa / Pernas , cãibras / Problemas nos joelhos / Resfriados / Tensão nervosa / *Stress* /Testículos / Varizes / Zumbido no ouvido.

# Apresentação à edição brasileira

A partir dos anos 70 verificamos um grande crescimento das terapias alternativas no Brasil. Isto espelhava uma tendência mundial de buscar novos recursos terapêuticos, devido ao crescente número de insucessos que as terapias alopáticas vinham demonstrando. A busca do novo provocou uma revisão de práticas milenares, em sua maioria originárias do oriente. Nesta fase, chegaram até nós a acupuntura, a *quiroprática*, o *shiatsu* e muitas outras técnicas. Entre elas, a *reflexologia* ou *reflexoterapia*.

Assim como outras terapias orientais, a reflexoterapia tem, provavelmente, suas origens mergulhadas no tempo, na antiga China. (Certa vez, participando de um congresso de acupuntura, me deparei com uma desbotada fotografia do século XIX, na qual, sentados numa calçada, um homem massageava os pés do outro. O título era: "O pedicuro chino", referindo-se à prática de estimulação de áreas ou pontos terapêuticos situados nas solas dos pés. Apesar de o registro não ser assim tão antigo, percebe-se pela cena que a prática devia ser corriqueira, tendo passado de geração a geração).

A reflexoterapia, como outras terapias com substratos da filosofia *taoísta*, visa o equilíbrio relativo da energia vital (Chi = Yin + Yang). Por meio da massagem em pontos ou áreas específicas nas solas dos pés, desperta-nos forças curativas, latentes, que promovem um acentuado estímulo sobre os diversos sistemas: circulatório, glandular e nervoso.

Nosso organismo pode ser comparado a um complexo sistema hidráulico, onde o sangue, impregnado de energia vital, tem de fluir para os mais recônditos lugares.

Por ser um local de extrema irrigação sangüínea, a planta dos pés permite, pelo massageamento correto, um progressivo descongestionamento de áreas a elas relacionadas. Assim, por reflexo, dá-se uma melhora evidente do fluir do sangue e da energia em cada órgão ativado pelos pontos.

Pela sensibilidade ou insensibilidade das áreas, alterações da cor, da temperatura, da textura da pele e a localização de cristais subcutâneos, podemos verificar as zonas bloqueadas mediante apalpação, fazendo desta maneira um eficiente reflexo-diagnóstico.

Com este detalhado e prático volume que ora se apresenta em língua portuguesa, podemos iniciar os estudos e a prática da reflexologia. É de suma importância ressaltar que, quanto maior for o número de ferramentas disponíveis nesta difícil tarefa de "curar", maiores serão as chances de obtermos melhores resultados, pois, muitas vezes, nos deparamos com situações em que todo o arsenal de recursos existentes se tornou inadequado diante da complexidade dessa fascinante máquina chamada corpo humano.

*José Eduwaldo Sampaio Júnior*
*Terapeuta corporal*

## Prefácio

A reflexoterapia é uma forma de terapia manual usando os pontos reflexos dos órgãos do corpo, que podem ser encontrados nos pés e na região dos tornozelos.

Já na Antiguidade, os chineses conheciam as zonas reflexas dos órgão internos, espalhados por toda a superfície do corpo. Essa ciência foi aplicada durante mais de mil anos — especialmente na acupuntura — para exercer influência sobre os órgãos e seus sistemas.

Parece que todos os órgãos têm pontos específicos de projeção nos pés, assim como nas mãos e nas orelhas. Por meio de pressão no local e da intensidade corretas, é possível influenciar o modo pelo qual os órgãos funcionam. Pode-se provocar efeito estimulante ou relaxante, dependendo da quantidade de pressão que se exerce.

Inversamente, órgãos que estejam temporária ou permanentemente "fora de equilíbrio" podem afetar as zonas de reflexo expressando-se em mudanças visíveis como, por exemplo, diferenças de coloração, inchaço, mudanças tangíveis no tecido do corpo e dor espontânea ou resultante de pressão. Assim, o pé pode exercer um papel importante, tanto na possibilidade terapêutica quanto no diagnóstico.

É necessário conhecer detalhadamente a anatomia, a fisiologia e as zonas reflexas, para saber avaliar com precisão os sinais nos pés e tratá-los de modo responsável, com uma série de sessões de massagens.

Este livro delineia o que é e o que não é possível no campo da reflexoterapia.

O leitor irá entender, gradualmente, o importante papel, que pode execer a reflexoterapia no diagnóstico e no tratamento de virtualmente todo nosso sistema.

Além de descrever os efeitos positivos, a autora não omite limitações do método e aponta as possibilidades de se combinar a reflexoterapia com outras disciplinas, principalmente com o tratamento médico.

Provavelmente, você ficará tão surpreso quanto eu quando li este pequeno manual pela primeira vez e quão exatamente os pés refletem o funcionamento do corpo humano.

Mas, não se iluda — é necessária grande dose de habilidade, compreensão, *insight* e experiência para chegar aos resultados que Astrid Goosmann, aparentemente, consegue sem nenhum esforço.

A prática da reflexoterapia deve ser feita sob orientação de um especialista.

Simultaneamente ao conhecimento necessário da estrutura e funcionamento do corpo humano, o entusiasmo deve ser sua linha-mestra. Os profissionais que têm a massagem "nas pontas dos dedos", em especial, como esteticistas, fisioterapeutas, terapeutas manuais, massagistas esportivos etc., poderão descobrir que a massagem podal é uma valiosa contribuição ao seu saber.

No campo da medicina, a reflexoterapia pode representar uma importante colaboração em diferentes diagnósticos.

Os pacientes, certamente, terão de se acostumar com a idéia de tirar suas meias e sapatos ao chegarem ao médico com queixas de dor de estômago ou com um ombro dolorido. Mas, afinal, hoje estamos acostumados até mesmo a tratar de uma dor de cabeça com supositórios!

*dr. A. M. Wessalius*

*Introdução*

Em 1975, nossa faculdade de estética, em Rotterdam, decidiu incluir novas formas de massagens no currículo dos cursos experimentais, em processo de implantação.

Como a abrangência desses cursos, na época, era maior na Alemanha do que na Holanda, percorri a lista de métodos de massagens e encontrei a reflexoterapia.

Inscrevi-me. No primeiro dia de aula, para minha total surpresa, descobri que a massagem em questão era nos pés. Essa não era absolutamente minha intenção. Após a primeira metade do curso retornei à Holanda bastante cética e desiludida, hesitando em voltar para a segunda parte.

No entanto, acabei voltando por um sentimento de obrigação e porque eu não queria desperdiçar o dinheiro que já havia gasto. Descobri que as outras pessoas que faziam o curso pareciam tão entusiasmadas que, novamente, me surpreendi.

O que elas haviam descoberto, que eu não? (Certamente eu não havia descoberto nada, pois o curso não tivera efeito algum sobre mim.) O mínimo que poderia tentar era começar a trabalhar usando as informações que recebera; com a típica mentalidade direta holandesa, comecei a testar e a praticar esta "magia" da qual eu tanto desconfiava.

Foi então que meu entusiasmo surgiu.

Escrevo este livro deliberadamente, pois tenho visto esse modelo se repetir com muita gente: incredulidade seguida de ceticismo e uma sensação de desconfiança de toda aquela coisa irreal e pouco prática.

A reação das pessoas durante meu tratamento em seus pés despertou curiosidade e surpresa que não diminuíram após muitos anos de experiência.

Apesar de muita falta de fé inicial, devo admitir que acredito cada vez mais que nossos pés refletem com tal precisão o que acontece em nosso corpo e em nosso espírito, que agora me sinto confiante em dizer: os pés estão sempre certos, mesmo que nem sempre haja uma explicação racional para isso.

Tenho tentado fazer contato com pessoas do mundo todo, e com seus pés, para descobrir cada vez mais. Estou consciente de que sempre há mais para se aprender, mas isso torna minha vida mais rica, e este é um método profissional que tenho prazer em utilizar em minha carreira, com bons resultados.

Um livro como este dificilmente é completo, e não tenho intenção de cansá-los. Portanto, as milhares de nuances descobertas e experienciadas durante tantos anos de trabalho simplesmente não podem ser todas descritas aqui.

Um bom curso básico é o pré-requisito, além da prática constante, para se aprender a fazer associações e analogias na linguagem dos pés.

# PARTE I

## OS FUNDAMENTOS DA MASSAGEM NOS PÉS

## Possibilidades e limitações

Há muitos modos de influenciar a saúde de uma pessoa. Uma categoria importante desses métodos é formada por uma ampla variedade de massagens.

Este livro trata apenas da massagem nas zonas reflexas dos pés, e a intenção, aqui, é abordar todos os aspectos desse tipo de massagem.

A literatura especializada, freqüentemente, tenta estabelecer uma polaridade entre a medicina comumente aceita no Ocidente e os aspectos alternativos dos cuidados preventivos com a saúde. Consideramos importante reconhecer o verdadeiro valor de todos os métodos comprovadamente eficazes e não rejeitar qualquer forma de medicina sobre a qual não tenhamos controle. Mesmo que alguns tratamentos não tenham explicações racionais, não é correto negar sua existência, a não ser que se demonstre que eles implicam fraudes, malefícios ou que sejam inócuos. A experiência demonstra que, no último caso, o método simplesmente pára de ser usado. Além do mais, não existe apenas um método correto. Um tratamento extremamente benéfico para uma pessoa poderá não ter os mesmos resultados em outra.

Insistir cegamente em um único método de saúde é bastante repreensível e indica uma falta de capacidade de avaliação do valor relativo de diferentes possibilidades terapêuticas. Assim, os cuidados com a saúde não deveriam ser domínio exclusivo da área médica.

Por outro lado, a doença é assunto médico e deve ser tratada por médicos, embora se possa questionar se ele deve ser a única pessoa responsável pela cura do paciente. A massagem reflexa nos pés é tanto um método de tratamento como uma forma de terapia, e é usada principalmente por pessoas que não são médicas. Certamente, jamais deveria ser utilizada por alguém que esteja brincando de ser médico.

Estudando a função dos reflexos dos pés é possível determinar o estado de saúde da pessoa e descobrir onde estão os distúrbios de funcionamento de seus órgãos.

A massagem pode:

- induzir a um estado de relaxamento;
- produzir alívio emocional;
- melhorar as condições gerais do paciente.

Assim que a reflexoterapia podal indicar que o paciente pode estar sofrendo de alguma doença ou apresenta um desequilíbrio de saúde, é absolutamente essencial entrar em contato com um médico. A cooperação com o próprio clínico-geral ou com o especialista é de vital importância, quando se constata que pode se beneficiar dessa forma de tratamento.

Em filosofia, o homem sempre foi objeto de estudo como totalidade una, e a distinção entre corpo e alma nunca foi satisfatoriamente explicada. Não pretendemos abordar aqui essa questão. Simplesmente assumimos a existência de ambos os aspectos e notamos que diferentes fatores podem influir em uma pessoa. Sob o risco de afirmar o óbvio, alguns desses fatores são aleatoriamente enumerados abaixo:

- hereditariedade;
- gravidade terrestre;
- movimento do sol, lua e estrelas;
- alimentos que ingerimos;
- hormônios;
- clima no qual vivemos;
- boa ou má qualidade de sono;
- pressões da sociedade.

Esta lista poderia se estender infindavelmente, com fatores que influenciam nosso bem-estar. Tendo isso em mente, seria difícil e extremamente arrogante escolher apenas um método terapêutico como panacéia para todos os distúrbios que possam interferir nas funções humanas.

Quanto à importância da massagem reflexológica nos pés, tem sido demonstrado que o tratamento pode levar a:

- um aumento da força dinâmica através do corpo e
- melhora na circulação,
tendo como resultado
- o aumento da entrada e saída de matéria e energia no corpo;
- o ajuste de qualquer desacerto no equilíbrio material e espiritual.

## Origens da reflexoterapia podal

William Fitzgerald (1872 - 1942), médico americano, considerado fundador da reflexoterapia podal conforme é conhecida hoje, era especialista em ouvido, nariz e garganta. Em seu trabalho e em suas palestras contribuiu para uma forma de terapia que era empregada na China, Índia e tribos indígenas há cinco mil anos. Já naquela época, se sabia que o uso da pressão nos pés poderia aliviar dores no corpo, método que também era conhecido na Europa, no século XVI.

No início deste século, o dr. Edwin F. Bowers e o dr. Fitzgerald escreveram o livro *Zone therapy* (Terapia zonal). Eunice Ingham, uma massagista dos Estados Unidos, foi responsável pelo aperfeiçoamento da técnica da massagem e, em uma série de ilustrações claras, projetou as várias partes do corpo em regiões dos pés. Hanne Marquardt, da Alemanha, que começou a trabalhar com Eunice Ingham em 1967, também fez vários trabalhos importantes. Seu livro *Foot zone massage as therapy* (Massagem zonal dos pés como terapia)* e seus cursos contribuíram para o reconhecimento internacional dessa forma especializada de medicina alternativa.

Finalmente, Doreen E. Bayley, da Inglaterra, merece ser mencionada por apresentar um trabalho inestimável para o reflexoterapeuta em seu livro *Reflexology today* (Reflexologia hoje).

---

* De Driehoek, Amsterdã, 1982.

*Figura 1* — As áreas do corpo

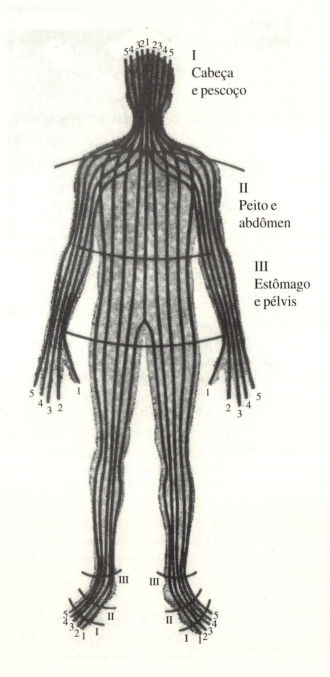

## O lugar da reflexoterapia podal na medicina oriental

Não é fácil isolar os fundamentos da reflexoterapia. O fato de ter sido utilizada séculos antes da civilização ocidental não significa, necessariamente, que as culturas anteriores tivessem teorias adequadas para explicar seus efeitos.

A explicação mais aceitável dentro do quadro conceitual moderno é o Taoísmo Chinês. Estamos familiarizados com a ioga, e os conceitos de *yin* e *yang* não são inteiramente estranhos a nossos ouvidos. O Tao é literalmente traduzido como "o caminho" e está baseado na idéia de que o homem deve se esforçar ao máximo para ser uno com a natureza. Diferentemente da religião chinesa, que tem os dois pés firmemente plantados no chão, o taoísmo tem uma inclinação mais mágica e mais mística. De acordo com essa filosofia, a relação entre o universo e o homem poderá ser demonstrada de diferentes maneiras. A totalidade do universo poderá ser redescoberta em todos os lugares, projetada em totalidades menores como, por exemplo, no próprio homem.

Existem conexões cósmicas entre os elementos naturais e os órgãos do corpo humano. A comunicação entre esses elementos e os órgãos se dá por meio de linhas de energia que percorrem o corpo. A saúde depende da interação, sem impedimentos entre as várias áreas de projeção, e tratar essa ação é produzir saúde e também um método de combate à doença.

Os sentidos são as projeções mais importantes e as áreas de entrada do universo no corpo. A iriscopia, a massagem auricular (= orelha) e a acupuntura estão baseadas nesse princípio, assim como a reflexoterapia. Esta última tem como base o contato direto dos pés com a terra. (É menos aplicável às mãos porque estas não têm contato direto.) Como a medicina ocidental está mais familiarizada e aceita os efeitos dos reflexos como reações do sistema nervoso autônomo, é usado o termo "linha de reflexo" em lugar de "linhas de energia".

Iremos nos preocupar com a importância dos pés como via de entrada para os órgãos pelas linhas de reflexo, e os capítulos seguintes irão explicar seu significado na medicina ocidental ou alopática.

## *Importância na medicina ocidental*

Os cientistas ocidentais, neste caso os médicos ou doutores em medicina, não aceitam facilmente a reflexoterapia. O fato de a terapia já ser conhecida e usada séculos antes da civilização ocidental não significa, necessariamente, que a ciência moderna possa encontrar uma teoria adequada para explicar seu efeito.

Desde os tempos da Grécia Antiga, existe na ciência ocidental um duelo entre a idéia de que a realidade está acima e além do ambiente material percebido por nossos sentidos, e outras teorias baseadas em um sistema de lógica que pode ser determinado pela experiência sensorial.

Apesar de todo o desenvolvimento da ciência médica ocidental, ainda permanece um fato inquestionável: a arrogância em relação à onipotência do pensamento racional parece investir constantemente contra um muro de novos fenômenos que não podem ser explicados simplesmente pela lógica. Por outro lado, freqüentemente se vêem coisas que inicialmente pareciam inexplicáveis, acabando por ter uma explicação lógica.

A reflexoterapia está entre essas duas escolas de pensamento. De um lado, a experiência demonstra que a massagem é extremamente eficaz. Resultados são fatos, e até o médico mais crítico não pode negá-los. Por outro lado, não existe explicação adequada para o fato de a massagem ser tão eficiente ou por certas partes corresponderem a outras partes desse corpo.

Para muitas pessoas no Ocidente, algo que não foi *provado* não é *verdadeiro*. No entanto, o problema é que não é mais possível provar que ele não é verdadeiro. Assim, tudo o que podemos fazer é continuar a massagem do modo que a experiência, baseada em resultados, nos ensinou.

## O que é reflexoterapia

Todas as células de nosso corpo, assim como tudo o que nos rodeia, têm carga elétrica. Essa carga elétrica é uma forma de energia e é influenciada por nosso modo de vida. Simplesmente, imagine a sensação de tocar a maçaneta da porta em uma sala bem seca, de afagar o gato, ou o som crepitante ao tocar em um casaco de lã — as faíscas podem voar.

Quando o nível de energia é baixo, nosso sistema motor trabalha lentamente; e às vezes a energia voa através de nós e nos sentimos como se pudéssemos abraçar o mundo inteiro.

Ao tratar as várias partes do corpo com as mãos, de modos diferentes, é possível influenciar essas formas de energia. Massagem é isso. Obviamente, todos estão familiarizados com a massagem normal, concentrada nos músculos e na circulação do sangue; drenagem direcionada à circulação linfática; pinçamentos direcionados para as terminações nervosas etc. Todos esses métodos de tratamento estão baseados nas filosofias da Europa ocidental.

A filosofia oriental, porém, baseia-se em princípios diferentes. De acordo com esses princípios, existem linhas de energia correndo verticalmente e mais ou menos paralelas, da cabeça aos pés (veja Fig. 1). O organismo pode ser influenciado em pontos diferentes ao longo dessas linhas de energia, como, por exemplo, nos pontos de energia de todo o corpo, como no shiatsu; nas mãos; nas orelhas, como na acupuntura auricular; e nos pés. Esta última área de influência é o ponto de partida de nossa proposta.

O aspecto especial de nossos pés é que eles são "aterrados". Fazemos contato com a terra pelos pés. Assim como o rádio ou a televisão são afetados pelo aterramento, o contato de nossos pés com a terra irá ajudar a reduzir a "interferência" em nosso organismo. Em contraste com nossos pés, nossas mãos têm sido fortemente cultivadas. Como resultado, nossos pés são muito mais naturais e "abertos" — eles refletem claramente o que o corpo quer dizer. O massagista poderá obter um *insight* totalmente novo pela observação detalhada dos pés. O livro *Stories the feet can tell* (Histórias que os pés podem contar), de Eunice Ingham, dá a dimensão exata de seu significado.

Na Figura 2 as duas ilustrações inferiores mostram os pés apoiados sobre os calcanhares, e como os lados esquerdo e direito do corpo são revelados. Isso demonstra claramente o princípio: não poderia ser mais claro e, de fato, até mostra onde os vários reflexos podem ser encontrados nos pés.

Agora observe a Figura 3. Uma linha imaginária é traçada pelas junções da base dos artelhos, e uma linha divisória é traçada entre os artelhos e a sola/dorso do pé. Basicamente, mostra a divisão entre as áreas de projeção da cabeça e dos ombros e a área abaixo do ombros. A área do peito é projetada exatamente nas zonas dos metatarsos.

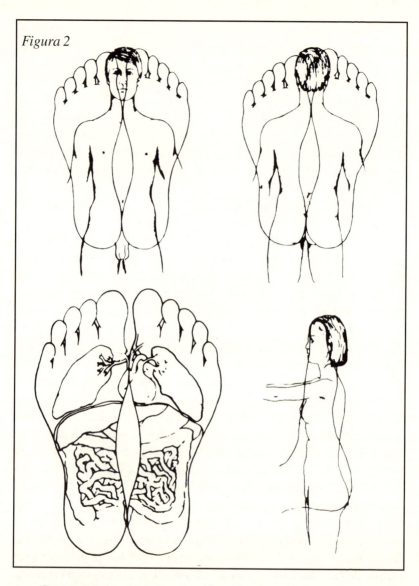

*Figura 2*

O arco do pé representa a área do estômago e, finalmente, a área do tornozelo representa a área pélvica.

Em princípio, esse é o ponto de partida do assunto dos capítulos seguintes.

*Figura 3*

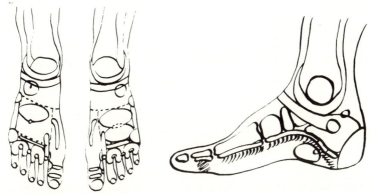

## O homem como um todo

Quando temos um problema e vamos ao médico, este é freqüentemente descrito em termos de mal-estar, cansaço, dores etc. Por exemplo, podemos ter dor de estômago, cansaço ou desânimo generalizado.

Normalmente, isso é acompanhado por uma anamnese (uma descrição do problema), um exame e remédios ou conselhos médicos. Na maioria dos casos, a terapia visa à natureza e à localização do problema. No entanto, em caso de dúvida em relação à natureza isolada do problema, o médico irá checar se existe uma combinação de causas durante a sessão de consulta.

Para um terapeuta em reflexoterapia muitas vezes a percepção de que o paciente está sofrendo de vários problemas diferentes aparece imediatamente porque ele é capaz de reconhecer, em miniatura, observando e manipulando os pés, qualquer órgão que não esteja funcionando adequadamente. É comum o paciente apresentar somente um problema, e o terapeuta, após observar os pés, ser capaz de identificar outros problemas que, por serem menos relevantes, o paciente deixou de mencionar.

Assim, muitas vezes, os pés podem indicar que existe uma conexão entre os problemas que foram mencionados e outros que, possivelmente, nem foram percebidos. O caso a seguir, que se deu há cerca de três anos, é um bom exemplo.

Uma paciente me procurou com sérias dores nas costas, para a qual o médico havia receitado tranqüilizantes e analgésicos. Não havia irregularidades anatômicas significativas. Como eu estava extremamente ocupada, na época, tratei-a sintomaticamente. A dor diminuiu consideravelmente, mas duas semanas depois ela me telefonou novamente porque a dor havia aumentado e ela havia piorado. Novamente, tratei-a com base nos sintomas porque eu tinha pouco tempo, mas marcamos uma consulta para fazer um exame completo. Durante a sessão, encontrei um pedaço de "concreto" em vez de um reflexo intestinal flexível. Quando lhe perguntei sobre o funcionamento dos intestinos, ela me disse que, com o uso de laxantes, estava conseguindo evacuar uma vez por semana. Essa concentração tornou suas costas rígidas; assim, depois disso, concentrei-me em seus intestinos. Depois de algumas semanas, ela precisava vir apenas dez minutos por semana, e logo depois seu funcionamento intestinal havia voltado ao normal e ela estava conseguindo evacuar sem o auxílio de medicamentos. Até agora o problema não voltou.

A clara lição a ser aprendida é que o homem é um todo, e os pés são a projeção correspondente do todo. Para cada problema, portanto, o terapeuta deverá examinar os pés inteiros para descobrir onde há alteração de equilíbrio. Somente depois disso é que se pode julgar se é necessário tratar apenas alguns reflexos.

## Uma combinação de possibilidades

Conforme afirmamos anteriormente, a reflexoterapia não é a única alternativa de medicina. Existem muitas outras, que usam diferentes pontos de partida, mas todas têm um único objetivo em comum: manter as pessoas saudáveis ou restaurar-lhes a saúde.

É possível combinar a reflexoterapia com uma ou mais formas de medicina incluindo, por exemplo, acupuntura, auriculoterapia, terapia manual, homeopatia, hidroterapia, iriscopia (método mais para diagnóstico), remédios à base de ervas, massagens, terapia alimentar e ioga.

Estas são apenas algumas das terapias mais conhecidas, as quais podem ser subdivididas em especializações. Obviamente, são todas adicionais à alopatia, o tratamento geralmente aceito por nossa sociedade e praticado pela medicina ocidental. Assim, existem inúmeras possibilidades de combinações. Naturalmente, os diferentes métodos não devem ser aplicados em conjunto. Estimulações excessivas a partir de muitas direções diferentes poderão ter mau efeito.

# PARTE II

# O QUE OS PÉS REVELAM

## O que os pés revelam

Ao observar os pés de um paciente sem ver o seu resto é possível obter uma impressão de sua estrutura física: baixo, alto, magro, musculoso, corpulento, robusto ou fraco.

Em muitos casos, é possível reconhecer algumas das prováveis áreas problemáticas do corpo, mesmo em seus estágios iniciais. Quando tratamos os pés, alguns fatores merecem especial atenção antes de começar a massagem. Dentre eles podemos destacar:

- O que mostram os pés?
- Como são ao toque?
- Qual o cheiro dos pés?

## O que mostram os pés?

Por que é tão importante olhar os pés? O pé tem o arco caído? Existe algo notável em relação à junção dos artelhos? Talvez os metatarsos sejam muito longos e o calcanhar esteja em ângulo. Todos os tipos de padrões anatômicos poderão impressioná-lo. Pessoas com arcos altos podem ter lordose. Pode ser difícil de ver se o arco do pé estiver coberto com tecido, mas sentindo ao longo das bordas é possível descobrir o formato verdadeiro dos ossos e todas as suas peculiaridades.

Pele dura nos pés é outro aspecto que pode ser muito revelador. Virtualmente, todos os pés têm alguma calosidade como forma de proteção natural. No entanto, quando as calosidades são mais espessas em certos pontos, mais grossas do que o normal ou crescem rapidamente após os cuidados de um pedicuro, é possível descobrir o local em que esse crescimento rápido está refletindo, e ele poderá ser considerado *fora de equilíbrio*.

Acredita-se, normalmente, que as calosidades são causadas somente por pressões externas. No entanto, isso somente é verdadeiro quando uma pressão externa fora do comum leva a tal reação. Quando existe formação maior de calosidade em um local em particular, com ou sem pressão, é possível que o ponto-reflexo esteja fora de equilíbrio e, neste caso, a causa está dentro do corpo. Se existem granulações, é importante descobrir sobre que ponto-reflexo elas estão situadas.

A pele dos pés tem diferentes cores: vermelho, branco, púrpura, amarelo ou rosado. Elas podem ser diferentes em vários lugares do pé. Quando estão muito vermelhos, significa que existe muito sangue passando pelos pontos-reflexos correspondentes. Branco é indicação de pouca circulação e púrpura indica congestão. No caso de edemas ou veias varicosas, a localização exata também é importante.

Flocos secos de pele na superfície de um pé mostram que a área correspondente esteja com falta ou interrupção no fluxo de energia. Rachaduras nos calcanhares ou entre os artelhos também são muito comuns.

Certa vez, durante um processo de tratamento, fiz massagens suaves nas frieiras de uma paciente. Uma semana depois, a vermelhidão havia desaparecido por completo. Não consigo encontrar nenhuma explicação para isso, mas nem sempre é necessário explicar as coisas. Na verdade, o aspecto desagradável de haver múltiplas opiniões sobre as influências no corpo e na mente é que elas sempre exigem uma explicação. No entanto, a experiência, freqüentemente, pode mostrar qual o tratamento adequado para se obter bons resultados.

Manchas de pigmentação são freqüentemente encontradas em algumas partes dos pés. Uma de minhas pacientes tinha uma marca de pigmentação no ponto do pé correspondente ao estômago. Ela já havia me dito que sofria de asma. Quando lhe perguntei a respeito de algum outro problema físico, ela me disse que sofria de dor de estômago. Isso já havia sido revelado pela marca de pigmentação. O fato de ela ter essa marca desde o nascimento indicava que o ponto-reflexo do estômago constituía-se num ponto fraco de sua constituição. Em casos de sintomas temporários, pode ocorrer uma descoloração da pele, que desaparecerá gradualmente, após o tratamento. Por exemplo, edemas, inchaços nos tornozelos perto do tendão de Aquiles, e no lado superior do pé, podem ser causados por mal funcionamento do coração, rins e das glândulas produtoras de secreções internas. Obviamente, é necessário distinguir entre almofadas úmidas e fofas.

## Como são os pés ao toque?

A primeira coisa a ser percebida é a temperatura do pé. Não é uma boa idéia lavar os pés com água quente ou fria antes do tratamento, porque perde-se a temperatura certa. Um pé frio pode estar fresco, mas também poderá estar resfriado. Um pé quente pode estar agradavelmente aquecido, mas pode, também, estar febril. O pé pode estar pegajoso pela transpiração, frio e úmido, variando de úmido a molhado. Quanto mais o corpo retiver matéria residual, mais o pé irá transpirar. Na reflexologia isso pode ser interpretado como o corpo pedindo uma faxina *através dos pés*.

A tensão também pode ser percebida. Pode ser uma tensão forte, uma tensão salutar, ou fraca. A textura da carne do pé indica o grau de tensão na área reflexa correspondente. Áreas de rigidez devem ser levadas em conta no tratamento, pois os pontos-reflexos onde estão essas áreas são importantes.

## Qual o cheiro dos pés?

Cheirar os pés geralmente provoca algumas caretas entre as pessoas que fazem curso de reflexologia. No entanto, é importante considerar este cheiro ao fazer um tratamento. Existem dois tipos básicos:

o velho cheiro de queijo, que acompanha uma grande quantidade de matéria residual; e o cheiro de acetona (quando este cheiro é predominante, o sistema urinário está envolvido).

## Influências externas nos pés

É melhor tratar os pés de manhã, especialmente quando for a primeira sessão de uma série, pelos seguintes motivos:

A. Os pés não foram exigidos e não estão muito cansados, assim eles apresentam um quadro mais preciso. Depois de permanecer em pé em uma loja durante o dia inteiro ou após ter andado vários quilômetros, os pontos-reflexos reagem ao cansaço causado por fatores externos e não é possível testá-los corretamente, o que poderá fornecer um quadro incorreto.

B. Calçados ruins, como sapatos em ponta ou de salto alto etc., influenciam os pontos-reflexos e podem, com o tempo, causar danos permanentes aos pés. Obviamente, tudo depende muito da resistência do corpo.

C. Toda agressão externa traumática, como um corte ou uma torsão, pode distorcer as reações.

D. Deformidades nos pés poderão fornecer um quadro distorcido da posição dos pontos-reflexos.

Se uma pessoa teve parte da perna amputada, é possível tratá-la embora não se possa mais localizar os pontos-reflexos. Seria melhor concentrar a massagem no outro pé, nas mãos e nas orelhas. Nesse caso, é possível tratar as chamadas "dores fantasmas".

## Efeitos preventivos da reflexoterapia

Os pés podem indicar, com bastante antecedência, qualquer desequilíbrio no corpo, e podem reagir ainda por muito tempo depois de o paciente sentir-se curado de seu problema. Assim, freqüentemente, é possível prevenir a ocorrência de muitas doenças.

Em geral, o paciente procura tratamento em função de uma dor. No entanto, um leigo pode ter interesse em seus pés, aprender sua linguagem, e, se ele se der ao trabalho de fazer um tratamento, poderá evitar problemas futuros. Embora eu saiba disso, às vezes fico na dúvida se meus pés estão falando a linguagem certa, e inúmeras vezes, devo admitir, fui cética demais.

Certa vez tive uma dor no meu pé direito, no lado interno, e quando procurei ver a que ponto-reflexo correspondia, constatei que era a bexiga. Ao pressionar os pontos, senti dor nos dois lados. Deliberadamente, não tomei nenhuma providência com relação àquela dor porque eu não tinha nenhuma outra queixa. Três dias depois tive uma infecção na bexiga que, então, tratei.

Durante uma sessão normal de massagem uma paciente disse-me que não estava dormindo com o marido pois ele estava com uma terrível infecção de garganta. Ao tocar a área reflexa da garganta, em seus pés, ela sentiu dor. No dia seguinte, ela também estava com dor de garganta.

Todas as vezes que trato um homem com mais de quarenta anos de idade, examino a área da próstata, sem mencionar. Deste modo, é possível detectar seu funcionamento, que poderá causar graves problemas mais tarde, e que podem ser tratados em estágios iniciais. É melhor prevenir problemas do que depois ser forçado a se curar, por um processo que poderá envolver até mesmo uma cirurgia.

# PARTE III

# A MASSAGEM EM SI

## A relação entre paciente e terapeuta

Todas as vezes que um paciente me procura, aciono meus "sensores". Isso é importante e arriscado. Importante porque me permite registrar um número de fatos que me ajudam no exame, no diagnóstico e no tratamento; e arriscado porque devo tomar cuidado para não bisbilhotar a vida do paciente e tirar conclusões precipitadas.

Como uma pessoa se apresenta? Exuberante, quieta, desesperada, controlada, relaxada, desalinhada, maquilada, usando muitas jóias? O paciente se estende em seus problemas, com grandes detalhes, chafurda em autopiedade ou minimiza todos os seus problemas? Acima de tudo, verifico a expressão dos olhos: o brilho, a umidade, e a expressão dura ou suave. Os olhos revelam muitas coisas.

Em um curso, no Leste da Holanda, encontrei uma participante cuja visão havia se deteriorado consideravelmente ao longo dos anos. Seu oculista não conseguia descobrir a causa, mas considerando a progressão de suas condições, ele a havia advertido de que, provavelmente, ficaria cega dentro de dois anos. Um exame dos pontos-reflexos dos olhos não revelava nada em relação à patologia desses órgãos. Isso me surpreendeu tanto, que a chamei de lado para conversar. Seus olhos estavam tão cheios de medo, que eu quis tentar saber mais sobre o que estava acontecendo. Eu não buscava a causa daquele medo, mas que ela me dissesse como se sentia. Como resultado daquela conversa, ela foi encaminhada a um psicoterapeuta. Depois de seis meses, em nova consulta ao oculista, ele declarou que ela havia feito um progresso inacreditável.

No tratamento dos pés também é importante ter sempre em mente a natureza global do ser humano e de seu corpo. Problemas psicossomáticos, com muita freqüência, não são adequados para a reflexologia, embora o tratamento possa levar a uma melhora das condições físicas ao romper um círculo vicioso e estimular um bem-estar psíquico.

O reflexoterapeuta deverá ser capaz de admitir sua incapacidade para ajudar um paciente, e, então, encaminhá-lo a um especialista adequado. O terapeuta poderá obter grande apoio em uma proximidade maior com o paciente. É importante ser atencioso e, igualmente, que o terapeuta perceba suas limitações e não superestime sua capacidade. Se ele não gostar de determinado paciente, por qualquer razão, não é bom esconder esse desagrado por trás de uma fachada profissional; o terapeuta deverá, simplesmente, desfazer o relacionamento.

## Velocidade, ritmo e profundidade da massagem

A velocidade, o ritmo e a profundidade da massagem se adquire com a experiência, aprendendo a sentir o que é necessário. Isso não significa que não existam linhas gerais de conduta que possam ser dadas e aprendidas.

Quanto à velocidade da massagem, ela deve se adaptar à pessoa que está sendo tratada. Uma personalidade nervosa não se beneficia com a alta velocidade. Ao contrário, um paciente lento e desatento irá reagir mellhor a uma forma mais enérgica de massagem.

O ritmo se relaciona com a regularidade da massagem. No entanto, quando um terapeuta está massageando os pés, ele encontrará zonas de reflexo que reagem à dor dentro de determinado grau, as quais ele deverá friccionar por períodos de tempo maior.

Na sociedade moderna, cada vez mais, as pessoas que buscam a massagem sofrem de tensão. Se o terapeuta se concentrar no relaxamento do paciente, as sessões subseqüentes serão beneficiadas.

Primeiro, todos os pontos-reflexos são massageados de modo suave e sem grande profundidade, sem dar atenção especial aos reflexos doloridos, e empregando-se um ritmo constante, um tipo de cadência na qual é importante que não se caia no sono.

A profundidade da massagem, evidentemente, deve ser na medida da tolerância do paciente. Ele deve senti-la claramente, sem exceder os limites da dor.

Se ficar imediatamente aparente que tudo está virtualmente dolorido, significa que a massagem está muito pesada para o paciente e é necessário reduzir a pressão geral. No entanto, se o paciente puder tolerar, pode-se aplicar pressão com os polegares até o osso. Alguns pacientes sentem dor assim que a pele é tocada com um dedo. Isso pode parecer inacreditável enquanto você mesmo não experimentar tal desconforto. Depois de um tempo, automaticamente, encontra-se a velocidade, o ritmo e a pressão adequados para cada um.

## A técnica e o procedimento da massagem nos pés

Eunice Ingham tratava os pontos-reflexos empregando um tipo de "fricção". Ela movia os dedos como se tentasse pulverizar grãos de açúcar, apertando os dedos cada vez um pouco mais fundo.

Hanne Marquardt usa um método que pode ser melhor descrito como "dar um passeio". Ela coloca o polegar paralelo à área a ser tratada e movimenta-o até que este faça um ângulo de mais ou menos 45°. A vantagem desse movimento de rolar é que o tecido é massageado e a pressão final profunda proporciona o estímulo real do ponto-reflexo.

Ao longo de minha prática aprendi a valorizar ambas as técnicas e a combinar as duas. Caminhar com o polegar tem um efeito de maré, indo até um ponto alto e depois afastando. Esse ritmo tem, em si, um efeito muito relaxante. No entanto, o problema dessa técnica é que os aprendizes tendem a puxar a pele quando o polegar atingiu seu ponto mais profundo. Parece que eles empurram a unha sob a junta do polegar, o que significa que a pressão não é aplicada em profundidade, e que a pele é puxada muito superficialmente.

O melhor método é "dar um passeio" através do pé e aplicar fricção por algum tempo, sempre que se encontrar dor ou áreas endurecidas.

Durante a massagem é bom ter um contato completo com os pés, usando ambas as mãos sem, no entanto, apertá-los. O paciente deve sentir-se livre para puxar o pé e poder movimentá-lo com liberdade.

Em relação à ordem seguida durante a massagem, é obviamente importante não fazer movimentos a esmo. Seguindo esse sistema, é possível introduzir tal procedimento. Em geral, o terapeuta trabalha em ambos os pés, consecutivamente, na mesma área de reflexo. Por exemplo, quando os reflexos da cabeça estiverem sendo tratados, isto será feito consecutivamente nos dois pés, e não é aconselhável mover para os reflexos pélvicos e depois para o reflexo do coração.

Existe um tipo de movimento de vaivém na massagem, no qual se caminha gradualmente dos reflexos dos artelhos, através dos calcanhares para os reflexos laterais e mediais, para terminar com o tratamento na parte interna dos pés. É perfeitamente possível elaborar uma ordem própria, mas esta deverá ser baseada em um sistema aprendido com a experiência.

## *Dor durante o tratamento*

Existe uma diferença entre os vários tipos de dor. Uma pergunta freqüente é: "Onde devo sentir dor durante o tratamento? Em meu corpo ou em meus pés?". Normalmente, a dor é sentida nos pés, nas zonas de reflexos dolorosas. No entanto, é muito comum ter sensações ou ondas de calor em certas partes do corpo.

Durante um curso, fiz massagem nos pés de uma aluna, na área correspondente à coluna, onde ela apresentava um desvio. Ela me disse que, de repente, teve a sensação de calor naquela região da costas. Quando observamos suas costas, vimos que o local estava avermelhado. Em uma pessoa sadia, alguém que esteja equilibrado, a massagem por reflexologia traz uma sensação de agradável relaxamento. Todas as sensações de dor podem ser descritas como uma das três alternativas a seguir:

1. Dor benéfica. Esta dor é melhor descrita como a sensação na qual se tem a impressão de que um músculo é suavemente apertado e cuidadosamente relaxado.
2. Dor aguda. Pode ser descrita como a sensação que se tem quando o tecido é tratado com um objeto agudo. É uma dor cortante. Nos pés, em geral, é sentida em casos agudos ou ao longo das linhas nervosas (por exemplo, na lateral dos artelhos).
3. Dores por contusão. Este tipo de dor é melhor descrito como uma pressão em um ferimento. É uma dor pesada e forte, que é sentida em casos crônicos.

## Indicações e contra-indicações

Nenhuma forma de massagem, incluindo a massagem por reflexologia, poderá ser praticada quando o paciente estiver com febre. O corpo já está lutando e não precisa de carga extra.

Uma inflamação grave ou um trauma físico deverão ser tratados por um médico e, em casos de dúvida, ele deverá ver o paciente primeiro.

Um tecido rudimentar ou, por exemplo, um dente extra, ou um corpo estranho no tecido, tornam-se invariavelmente ativos e podem começar a se mover. Se esse movimento ocorre perto de órgãos vitais como, por exemplo, no peito ou no estômago, isso poderá ter sérias conseqüências. Para pedaços de raízes de dentes que permaneceram após a extração, esse movimento poderá produzir excelentes resultados, e elas indubitavelmente serão expelidas.

Por essa razão, a terapia por reflexologia é também contra-indicada se a paciente tem trombose ou usa dispositivo intra-uterino (DIU).

Obviamente, surgem perguntas em relação a doenças graves, e há também controvérsia familiar no caso de massagem em pessoas portadoras de câncer. No entanto, o câncer significa que certo número de células desistiu de fazer parte do corpo e está crescendo às custas de células saudáveis.

Uma conhecida minha, que havia sofrido uma mastectomia, pediu-me para tratá-la com terapia por reflexologia. Seu próprio médico havia concordado. Embora eu tenha ficado extremamente consternada, senti que deveria recusar. Pouco tempo depois ela desenvolveu uma metástase. Como eu teria me sentido se a tivesse tratado? No entanto, mais tarde a tratei no estágio final de sua doença para aliviar a dor e ajudá-la a dormir, de modo que conseguiu enfrentar melhor o desenvolvimento progressivo do câncer.

Acredito que a terapia por reflexologia não deva ser praticada em pacientes com câncer antes do estágio terminal da doença. No entanto, em várias outras doenças sérias alguns dos sintomas podem ser tratados com bons resultados.

Por exemplo, na espondilite anquiilosante, o endurecimento progressivo das vértebras pode ser diminuído.

Em pacientes reumáticos a massagem poderá melhorar as condições e aliviar a dor.

O tratamento por reflexologia para problemas cardíacos também merece atenção especial e discutiremos a esse respeito na Parte V deste livro.

39

## Abordagem direta e indireta dos sintomas

Durante os estágios iniciais, quando se está aprendendo a massagear os pés, há a tendência para massagear o ponto-reflexo pertencente ao sintoma. Para um joelho dolorido, é massageado o ponto-reflexo no pé; para dor de garganta, o reflexo da garganta. Em muitos casos isso é bastante correto, mas freqüentemente acontece que o reflexo nos pés de um paciente com o joelho dolorido não indica dor naquela área ou, se o reflexo for dolorido, o tratamento contínuo não reduz nem remove nenhuma dor na área.

Uma de minhas pacientes queixava-se de dor na região sacra e foi massageada na área correspondente, sem nenhum resultado visível. Quando tomei seus pés em minhas mãos, percebi imediatamente um prolapso de sua bexiga. Encaminhei-a imediatamente para seu médico. Ela foi operada e a dor nas costas desapareceu. Isso mostra que a localização da queixa no corpo não é necessariamente a origem dela. Neste caso, existe uma relação causal entre origem e localização:

1. Existe um problema no corpo: o ponto-reflexo correspondente é encontrado e tratado.
2. É procurada a relação causal entre um problema e a localização no pé. Por exemplo, dores no braço resultantes de problemas nas vértebras do pescoço, dores no joelho causadas por problemas na região sacra ou na região pélvica. Portanto, é necessário perguntar o que está causando a queixa. Posteriormente, estudaremos a causa possível da acne: hormonal, digestiva, alérgica ou resultado de *stress*. Esta abordagem não é teórica; os próprios pés dão a resposta. Mudanças e reações dolorosas indicam exatamente onde está o problema.
3. O último método possível nos leva de volta ao início do livro, onde são descritas as zonas verticais. Se os pontos 1 e 2 mencionados acima não dão a solução, vale a pena seguir as linhas de energia.

Em nosso corpo, todas as áreas em linha vertical de energia terminam nos pés, nas mesmas linhas dos pontos-reflexos daquelas áreas. Se a energia dessa linha estiver bloqueada, outras áreas, na mesma linha, poderão não receber energia suficiente, e poderá levar a problemas naquela área.

O exemplo mais surpreendente que tive foi um homem com dor crônica no ouvido direito. Utilizando o método descrito acima, descobri que a parte vertical do seu intestino delgado estava extremamente dolorida. Após ter tratado, por algum tempo, esta parte do intestino, a dor no ouvido desapareceu. Novamente, os pés mostraram onde estava o problema. Somente conhecendo por onde correm as linhas de energia é que é possível encontrar a origem de uma queixa.

## Número e freqüência dos tratamentos

Em princípio, é possível continuar tratando um paciente enquanto existirem reações durante e após o tratamento. Alguns pacientes reagem desde a primeira sessão, enquanto outros exigem algumas sessões a mais. No geral, crianças e pessoas mais velhas reagem razoavelmente rápido, enquanto que pessoas jovens, em geral, reagem bem mais devagar. Portanto, deve-se ter mais cuidado para tratar de crianças e de idosos.

Normalmente, começo um programa de tratamento com duas sessões por semana, num período de três semanas. Estudo com o paciente a continuação do tratamento. Se ele não puder vir duas vezes por semana, é possível iniciar um programa com uma sessão por semana. Diminuo gradualmente o tratamento, aumentando o tempo entre duas consultas. Há pacientes que adquirem o hábito de vir para uma massagem uma vez por mês para estimular suas funções físicas.

## Reações durante o tratamento

Você não poderá saber nem predizer como um paciente irá reagir durante e após o tratamento. Primeiro estudaremos as possíveis reações, que poderão indicar o limite de tolerância do paciente. Cada sessão de tratamento é diferente da outra, e o que se aplica a uma sessão, não necessariamente deverá ser indicado para a próxima.

A. Transpiração nas mãos. Ocorre freqüentemente, quando é massageada uma zona reflexa com tendência a reagir naquele momento. A massagem poderá continuar, mas é bom reduzir ligeiramente a pressão.

B. Transpiração em áreas extensas do corpo ou no corpo inteiro. É uma reação muito violenta e é aconselhável parar o tratamento e usar menos intensidade na sessão seguinte.

C. Sensação de frio começando nos membros. Nesse caso, também é melhor parar, a fim de evitar.

D. Bater os dentes e possível colapso da circulação. Isso nunca deverá acontecer se as indicações A, B e C forem adequadamente observadas.

Você pode entender agora por que sempre me surpreendo quando leio em revistas que qualquer um pode fazer massagem nos pés e que as pessoas podem se massagear umas às outras. De fato, um amador poderá fazer um estrago considerável. Uma interpretação incorreta do que acontece após a massagem também poderá levar a conclusões erradas, o que poderá gerar má reputação para a massagem dos pés. Se um paciente começar a sentir-se muito incomodado durante ou depois da massagem, mesmo que você tenha sido muito cuidadoso, tome as seguintes medidas:

Silenciosamente, trate o plexo solar por um tempo, e possivelmente a pituitária e a área cardíaca; cubra o paciente com algo quente, especialmente seus pés, e deixe-o deitado por algum tempo. Geralmente, ele se recupera em seguida.

Uma reação calma por parte do terapeuta também tem efeito tranqüilizador e é, portanto, muito importante.

Se o tratamento teve um fim prematuro devido à reação adversa do paciente, é possível chegar à conclusão de que o tratamento não deve continuar. No entanto, é possível tratar o paciente em áreas específicas. Por exemplo, primeiro as zonas da cabeça, outra vez, a área do peito, depois o tratamento dos órgãos digestivos etc. Finalmente, áreas mais extensas poderão ser tratadas em uma única sessão.

## Reações após o tratamento

A primeira reação após o tratamento é uma sensação de relaxamento e de muita sonolência. Portanto, é extremamente importante agasalhar o paciente e deixá-lo descansar um pouco. Se ele deve voltar para casa dirigindo, é particularmente importante evitar que ele coloque em risco os outros motoristas.

Um pequeno repouso aumenta o efeito do tratamento e, certamente, não deve ser omitido.

No dia seguinte, ou mesmo um ou dois dias depois, poderão surgir várias reações diferentes, todas relacionadas à remoção de matéria residual do organismo. Em alguns casos chega a parecer que o tratamento produziu uma reação negativa, mas nada poderá estar mais longe da verdade. Uma forma pela qual o corpo se livra de matéria residual, aparentemente negativa, é que os problemas se acentuam. Isto pode ser explicado do seguinte modo:

1. Nas vias aéreas, um frio persistente ou uma inflamação do sinus que leva a uma excessiva produção de muco e muita tosse. Uma tosse que solta catarro ou um nariz escorrendo dão a impressão de serem mais sérios e mais aborrecidos do que uma tosse seca ou um nariz entupido. No entanto, é essencial que a matéria residual desapareça.

2. A urina poderá aumentar. Poderá ficar mais turva e ter um cheiro mais forte, particularmente notável quando há infecção urinária.

3. É removida muita matéria residual através dos intestinos. Mesmo que não haja problemas físicos, é freqüente que as fezes tenham composição diferente e cheiro muito desagradável. Nos intestinos, a matéria residual deixada para trás poderá se acumular, e a boa saúde depende de sua remoção.

4. Nas mulheres, o tratamento poderá levar a um aumento da secreção vaginal, um muco branco. Isso poderá durar um bom tempo, mas, como reação da massagem nos pés, é um modo de se livrar de matéria residual.

Certa vez, fiz massagem nos pés de uma menina que apresentava problemas menstruais. Os problemas desapareceram, mas apareceu um corrimento branco. Seu médico lhe prescreveu remédios para tratar esse corrimento, e em seguida voltaram os problemas menstruais. Ela estava simplesmente evitando se livrar naturalmente de sua matéria residual.

5. A matéria residual é também removida através da pele. Isso poderá resultar em pústulas ou problemas de pele. Quando encontro casos de acne, trato os pés para descobrir sua origem; possivelmente a causa mais importante são os antecedentes hormonais (da puberdade) ou poderão também ser problemas digestivos.

O paciente poderá estar estressado, e em alguns casos esses fatores estão associados.

Combinando massagem nos pés com tratamento de pele e da própria acne, tem-se maior chance de cura. No entanto, também neste caso, a primeira reação poderá ser uma piora do problema, que será posteriormente seguido por uma melhora gradual e definitiva.

As alergias serão estudadas mais tarde, sob o tratamento dos próprios reflexos.

6. Outra reação à massagem é um aumento de temperatura, que poderá subir até 38,5º C. A temperatura aumenta devido ao aumento do calor do corpo. No entanto, obviamente, não é o tipo de febre que se tem por causa de uma infecção.

7. Infecções que ainda não se manifestaram, por exemplo, nos dentes, poderão indicar que essa parte do corpo não está equilibrada e está causando dor nas áreas reflexas. No entanto, o próprio corpo não reage à dor; somente as zonas de reflexo o fazem. Obviamente, esta não é uma reação negativa porque, baseados nisso, poderão ser tomadas medidas preventivas.

8. Doenças passadas que não foram totalmente curadas poderão se tornar novamente ativas com a massagem e, finalmente, desaparecerão com o tempo.

9. Uma das reações positivas que não tem efeitos colaterais irritantes é que o paciente dorme de modo mais profundo e mais tranqüilo, e encontra maior facilidade para relaxar. Um paciente que sonha com freqüência poderá descobrir que irá dormir melhor algumas noites após as zonas da cabeça terem sido tratadas.

10. A última reação descrita acima poderá ser bastante inesperada, mas é mais ou menos lógica. Obviamente, não existe matéria residual somente de natureza física, mas o paciente poderá estar psicologicamente sobrecarregado com matéria residual. Ninguém, em nossa sociedade, pode escapar de ficar ocasionalmente estressado, até por períodos prolongados. Na realidade, essa forma catártica poderia ser classificada como reação durante a massagem. No entanto, como o efeito dura um certo tempo, coloquei-o nesta seção.

É possível provocar uma resposta psicológica que poderá se expressar de diferentes maneiras. Alguns pacientes têm acesso de riso e, ocasionalmente, poderão dar a impressão de terem tomado alguns drinques antes da sessão de tratamento. No entanto, esta é apenas uma reação à massagem. A mais comum é o paciente irromper em lágrimas, e pode parecer impossível parar o choro — mas realmente não há necessidade disso.

Outra reação é que o paciente poderá começar a falar sobre seus problemas, às vezes com mais detalhes do que ele gostaria. A esse respeito, devem ser lembrados dois pontos importantes. O terapeuta deverá deixar claro para o paciente que ele pode se sentir seguro para qualquer coisa e que isso será mantido em sigilo. O terapeuta deverá, também, assegurar ao paciente de que está familiarizado com o comportamento humano e que nada do que o paciente disser ou fizer será considerado "louco", ilógico ou anormal.

Por outro lado, o terapeuta deverá ser muito cuidadoso em não tentar oferecer soluções. Ele deverá estar preocupado em ajudar o paciente a eliminar matéria residual, e isso geralmente basta.

Na época em que eu estava iniciando minha prática, lembro-me de uma paciente muito alegre que me procurou. Eu não tinha muita experiência e a paciente parecia estar perfeitamente bem. Durante uma sessão, de repente ela pulou da cadeira e correu para o banheiro. Alguns minutos depois, voltou rindo, com os olhos vermelhos e cheios de lágrimas, comportando-se como se não houvesse nada de errado. Na sessão posterior, ela me disse o que estava acontecendo em sua vida e aquilo me pareceu tão sério que imediatamente a encaminhei a um especialista que pudesse ajudá-la melhor. Ela aceitou meu conselho, mas, antes da data da consulta, telefonou-me e disse que preferia desmarcar. Sentia que o tratamento a havia ajudado a superar um obstáculo e que, agora, estava preparada para enfrentar as coisas por conta própria. Este é um exemplo claro de mudança de comportamento após a eliminação de matéria residual.

É importante que se saiba que essas reações não aparecem simultaneamente em um paciente. É normal ter de uma a três reações após cada sessão. A questão é sempre se seria aconselhável preparar antecipadamente o paciente para possíveis reações. Não recomendo isto pelas duas seguintes razões. Primeiro, poderá alarmar o paciente e, segundo, a sugestão poderá ter o efeito de uma profecia que se cumprirá.

Em geral, digo ao paciente somente que ele poderá se sentir como se estivesse ligeiramente gripado no dia seguinte, e que ele poderá ir ao banheiro mais do que normalmente. No entanto, antes da sessão seguinte, sempre procuro saber como o paciente se sentiu após a sessão anterior, e digo-lhe que poderá me telefonar sempre que surgir qualquer problema. O mais importante é lembrar que ao se deparar com qualquer tipo de queixa de natureza grave — e isso poderá acontecer até durante o tratamento — deve-se aconselhar o paciente a consultar seu médico particular.

## Instrumentos auxiliares

O equipamento mais sofisticado disponível para a massagem dos pés são as suas próprias mãos. Além dessa ferramenta infalível, existem vários instrumentos auxiliares para as mãos: esteiras, almofadas, travesseiros, ábacos, varetas de madeira etc. Para um verdadeiro especialista, esses auxiliares não são essenciais.

Obviamente, todas as partes de nosso corpo que não forem treinadas ou estiverem sendo usadas em excesso poderão ficar doloridas após esforço muito grande. Isto se aplica aos nossos polegares, mãos e braços após aplicarmos massagem nos pés, mas, depois de um tempo de prática, tudo começa a funcionar com mais facilidade. No início, obviamente, os músculos e os nervos irão protestar, mas se houver perseverança, gradualmente, tudo irá desaparecer. Os músculos de minhas mãos não são melhores do que os de outros, mas eles nunca protestaram em todos estes anos em que estou praticando massagem nos pés.

Quando você aprender a "tocar" e a "sentir" com os dedos, terá obtido 90% de tudo o que precisa saber sobre massagem nos pés. Você deverá aprender a sentir todas as nuances sutis da pele, dos músculos, nervos e ossos, e isso nunca poderá ser substituído por nenhum equipamento artificial. A riqueza de informações obtida pelo sentido do tato determina a quantidade necessária de massagem e, novamente, não poderá ser substituído por nenhum outro auxiliar artificial. Não há perigo em se fazer muita massagem. Certamente, um equipamento auxiliar poderá lhe fornecer pés mais quentes, mas isso também pode ser obtido com um banho quente ou com uma caminhada e, afinal, este não é o propósito da reflexologia. E o que eles podem fazer para os pontos-reflexos em volta dos tornozelos, entre os artelhos e no lado interno dos pés? Absolutamente nada.

Não há artifício que possa massagear adequadamente tornozelos e os lados internos dos pés, e um instrumento artificial não é adequado para aferir as nuances sutis entre os artelhos. Existe um único meio para usar nas massagem dos pés: as mãos.

## Auto-ajuda

É virtualmente impossível dar a si próprio um tratamento completo de massagem nos pés. Toma muito tempo, e não se consegue o relaxamento necessário para aproveitá-lo. Não é possível se recostar, se desligar, sentir com os dedos de modo objetivo, e ter acesso às informações que os dedos recebem.

No entanto, é possível tratar um número limitado de pontos-reflexos, determinados antecipadamente, em seus próprios pés, particularmente quando você já tem certeza de quais reflexos estão *fora de equilíbrio.*

Sente-se do modo mais confortável possível, com algumas almofadas às costas, de preferência em sua cama. Lembre-se de que seus pés são a imagem em espelho dos pés que você estaria trabalhando em um paciente. Uma vantagem é que seus próprios pés estão sempre à mão.

## O terapeuta com deficiência visual

Embora existam muitas outras deficiências além da perda da visão, neste contexto é importante fazer uma exceção para esta forma de deficiência. Pessoas que têm deficiência visual, ou até mesmo as completamente cegas, geralmente têm os outros sentidos muito desenvolvidos: a audição, o tato e o olfato poderão ser muito melhores do que os das pessoas que também tenham o sentido da visão.

Como o sentido do tato é um dos mais importantes para a reflexologia, considero que as pessoas parcialmente cegas são especialmente adequadas para esse tipo de massagem.

# PARTE IV

# A POSIÇÃO DOS REFLEXOS

O topo dos polegares está alinhado com o reflexo do *diafragma*. Todos os órgãos do corpo acima do diafragma estão também acima desta linha no pé.

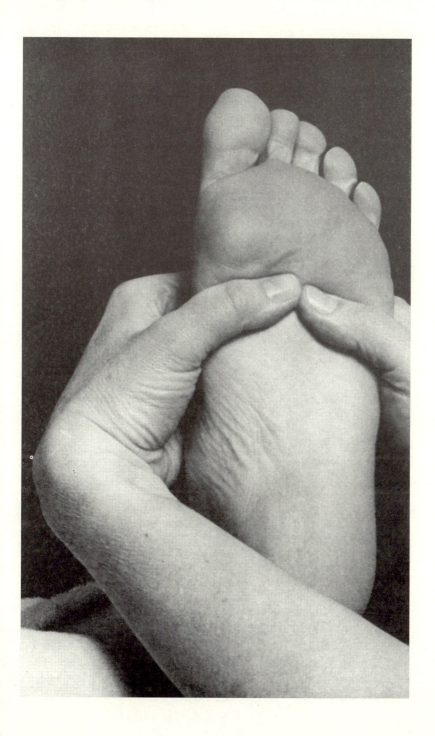

Onde os dois polegares se encontram na fotografia anterior, ao longo da linha do diafragma, encontramos o *plexo solar*, na parte superior do meio do pé. Este tem grande influência no sistema nervoso autônomo. Todas as sessões de massagem deverão começar e terminar com o tratamento desse ponto-reflexo. Cada ponto-reflexo pressionado quando o paciente inspira, e relaxado quando expira.

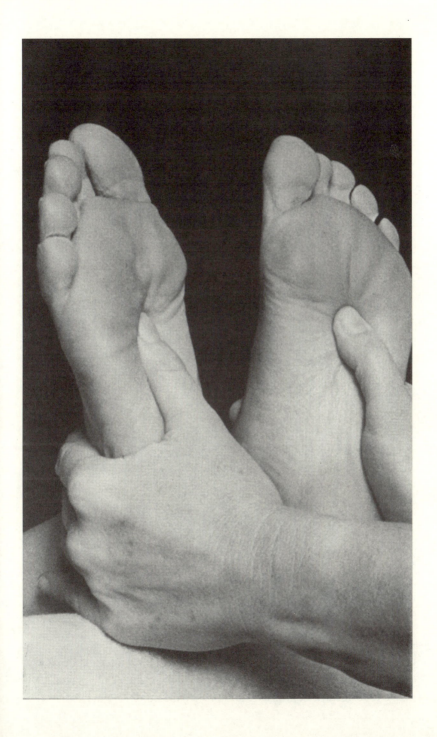

A posição do ponto-reflexo *pituitário*. Esse reflexo influencia quase todas as glândulas com secreção interna, e se uma ou mais delas não estiver funcionando adequadamente, é aconselhável massagear primeiro esse ponto e depois as glândulas em questão.

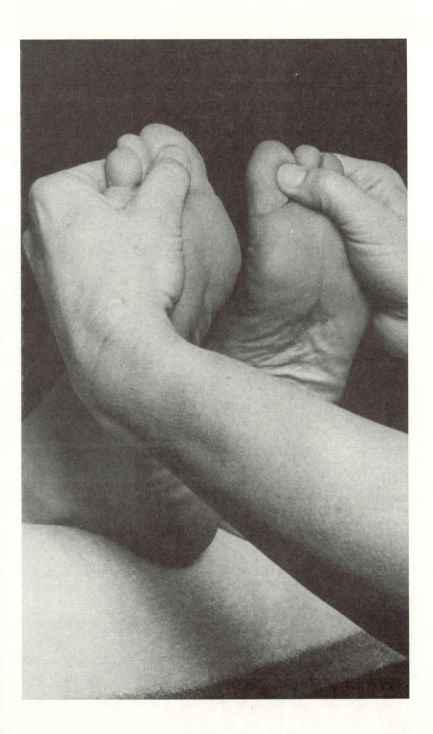

Os pontos-reflexos dos *músculos do pescoço*. Muitas dores no pescoço são causadas pela tensão nos músculos dessa região. Também é possível obter um certo relaxamento no pescoço, fazendo cuidadosamente a rotação do grande artelho.

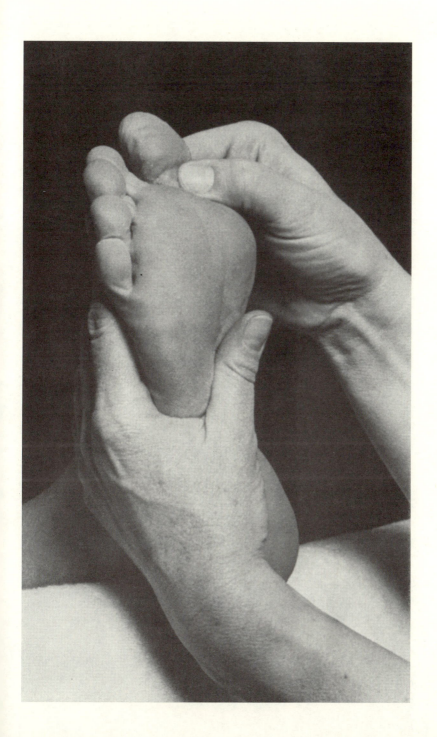

A posição do ponto-reflexo do *ouvido interno* e dos *canais semicirculares*. Este é o local correto para massagem relacionada a tontura, enjôo em veículos de transporte e zumbido nos ouvidos.

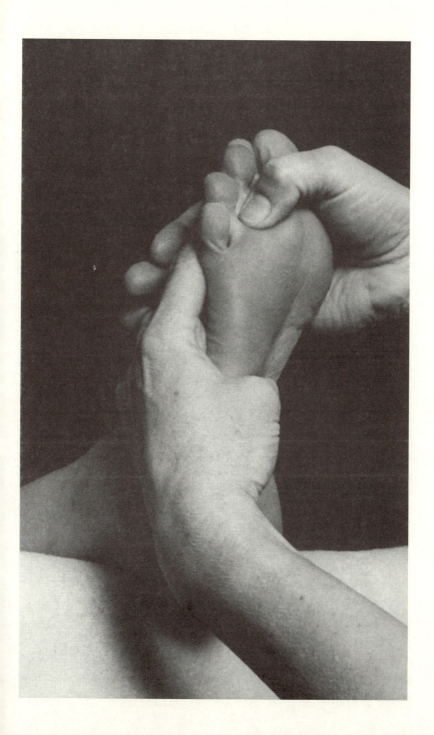

A posição do ponto-reflexo da *tireóide* e da *paratireóide*. Pesquisa entre pessoas com tireóide deficiente mostrou que elas têm forte reação quando este ponto é massageado. Poderá, também, haver reação em pessoas que estão muito nervosas, mesmo sem problema de mau funcionamento da tireóide.

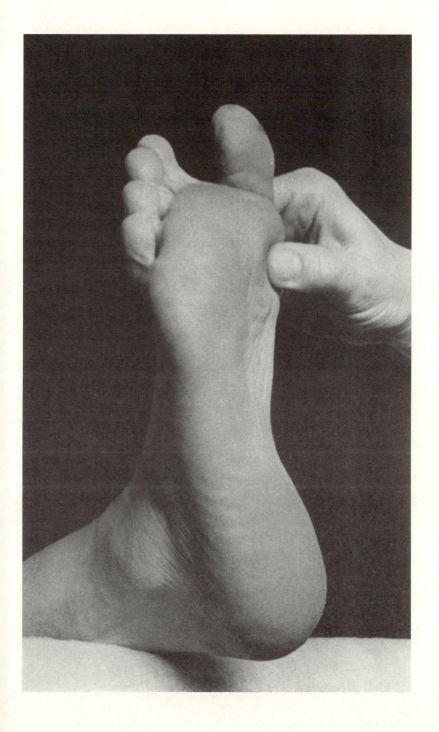

Nesta fotografia o polegar está colocado no ponto-reflexo da *articulação dos ombros*. Este é envolto pelo tecido do ombro, e abaixo do polegar está o reflexo das glândulas linfáticas sob os braços.

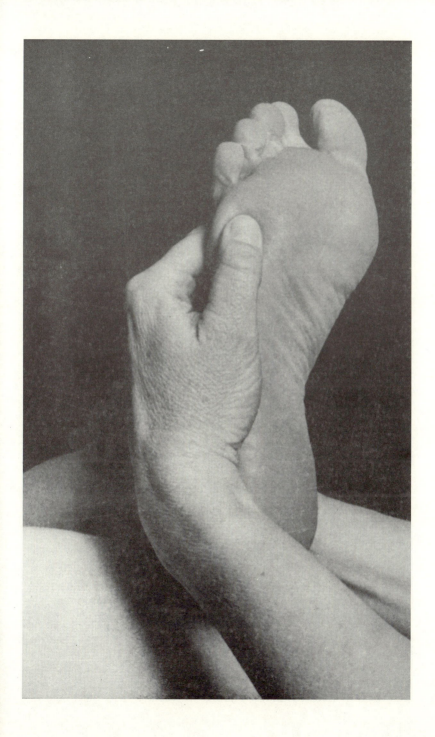

Ponto-reflexo do *pulmão*. Os polegares estão colocados na área correspondente ao pulmão direito. No lado superior esquerdo desse ponto estão os reflexos dos ombros, e abaixo está o reflexo do diafragma.

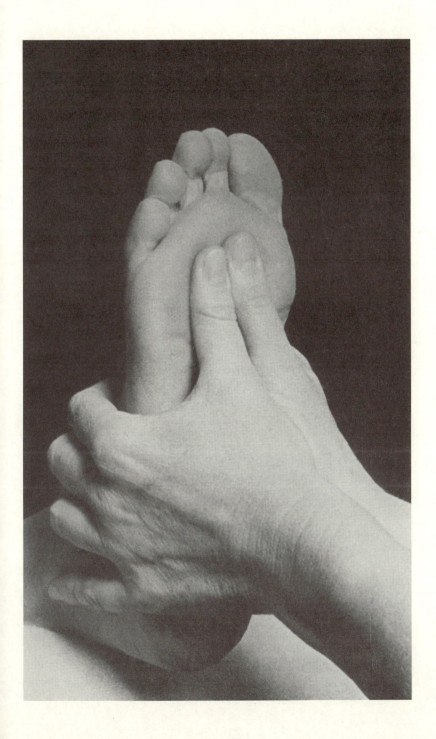

Os dois dedos estão colocados na posição do ponto-reflexo do *fígado*, que está situado imediatamente abaixo do ponto-reflexo do diafragma, no pé direito. Este continua para baixo em direção ao calcanhar até a saliência do quinto metatarso no lado externo do pé.

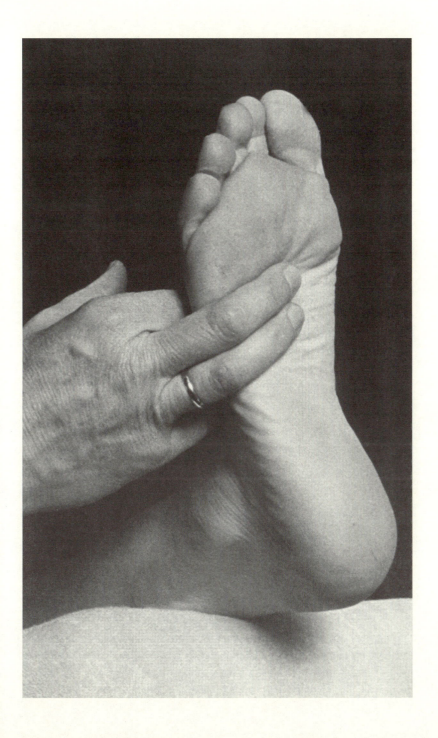

No interior da área do fígado descrita na fotografia anterior está o ponto-reflexo da *vesícula biliar*. Usando o polegar direito, a vesícula biliar pode ser claramente sentida na linha perpendicular que começa entre o terceiro e o quarto artelhos, onde ela cruza o fígado.

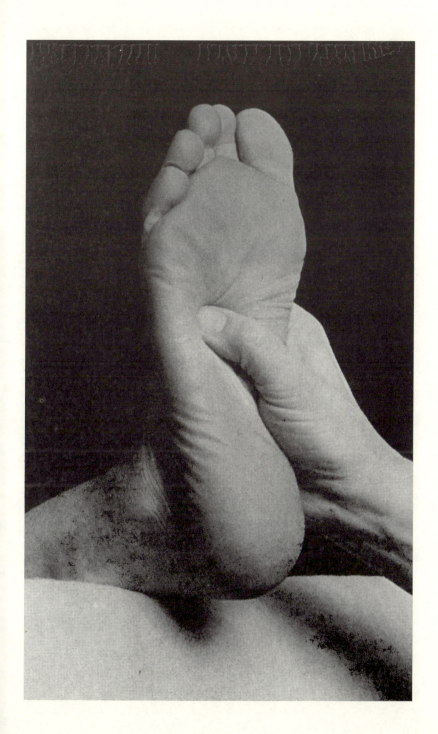

A área de reflexo do *coração* está no pé esquerdo, entre os dois polegares. Este ponto-reflexo poderá ficar dolorido quando é feita (muita) pressão, e é um aviso de que ele está sobrecarregado.

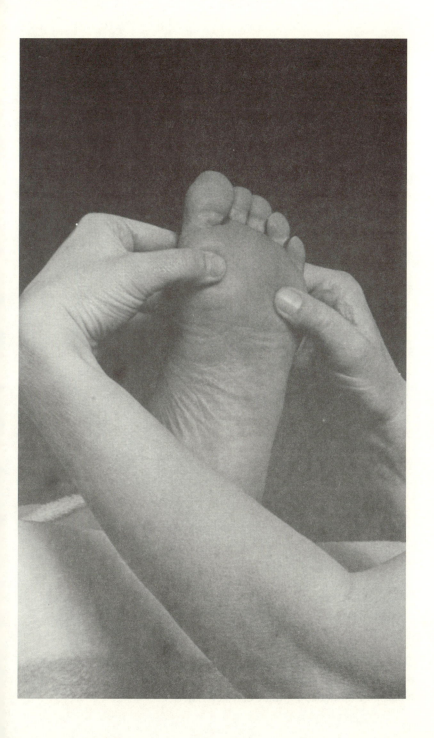

O ponto-reflexo do *baço* está sob o reflexo superior do polegar. Este ponto responde violentamente no caso de determinadas doenças infecciosas, inflamações e grande cansaço físico.

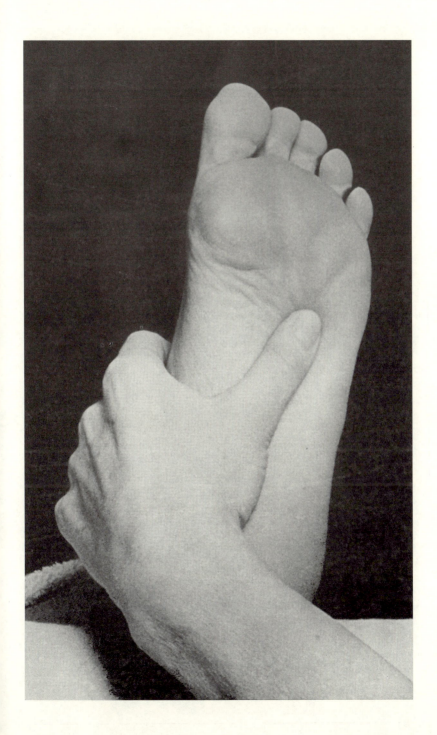

O ponto-reflexo do *esfíncter pilórico*. A fotografia que mostra o ponto da tireóide aponta claramente o inchaço localizado, indicando que o esfíncter pilórico está fora de equilíbrio. Este ponto-reflexo responde claramente à tensão. De fato, algumas fotografias mostram as reações em certos pontos-reflexos; aqui, a tensão é revelada pela posição rígida dos artelhos.

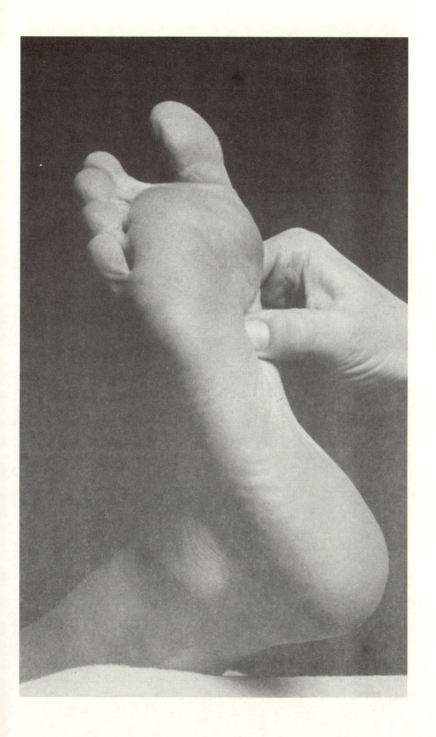

A partir do topo do polegar, três quartos dele cobrem a área do ponto-reflexo do *pâncreas*. Esta área também contém o reflexo das *Ilhotas de Langerhans*.

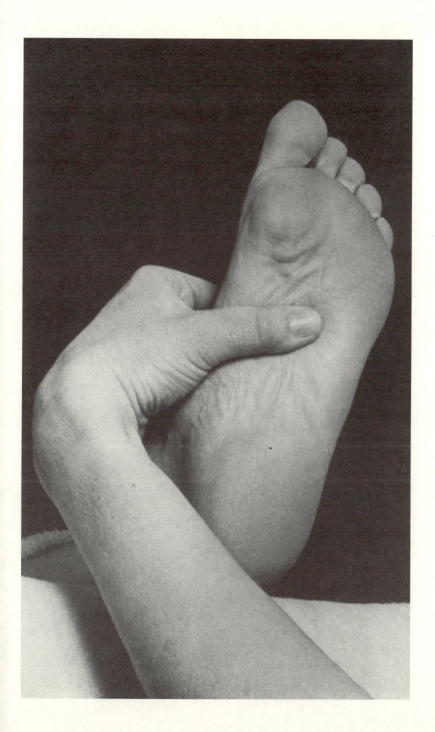

Nesta fotografia o polegar está colocado na área central do *intestino grosso* do pé esquerdo. Este ponto-reflexo é virtualmente envolvido pelo ponto do intestino delgado (veja fotografia seguinte).

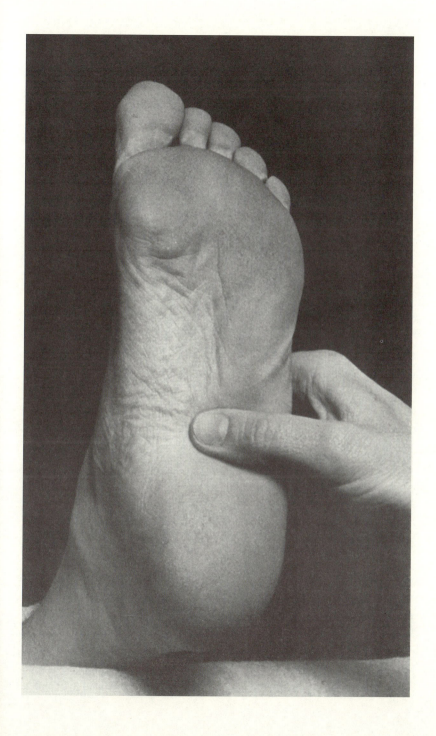

Nesta fotografia o polegar está cruzando o ponto-reflexo da segunda seção horizontal do *intestino delgado*. Quando há tensão, pode haver contração localizada, e poderão ocorrer dores violentas, conhecidas por dores do "cólon espástico".

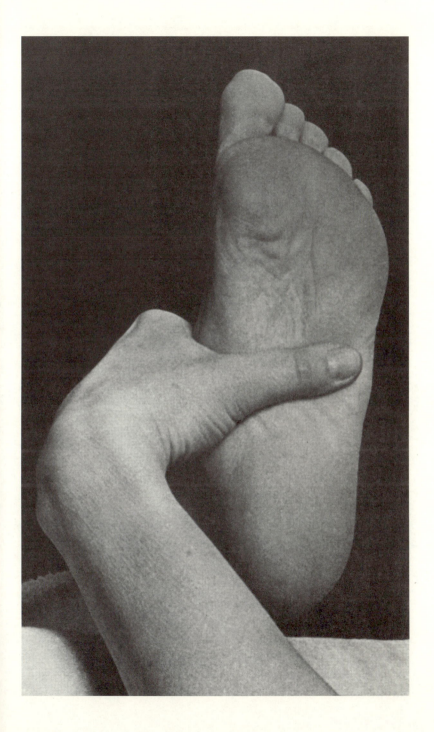

O ponto-reflexo da *junção ileocecal*. O polegar cruza a transição do intestino grosso para o delgado. Se esta não fechar adequadamente, poderão aparecer problemas no estômago, como, por exemplo, gases em excesso.

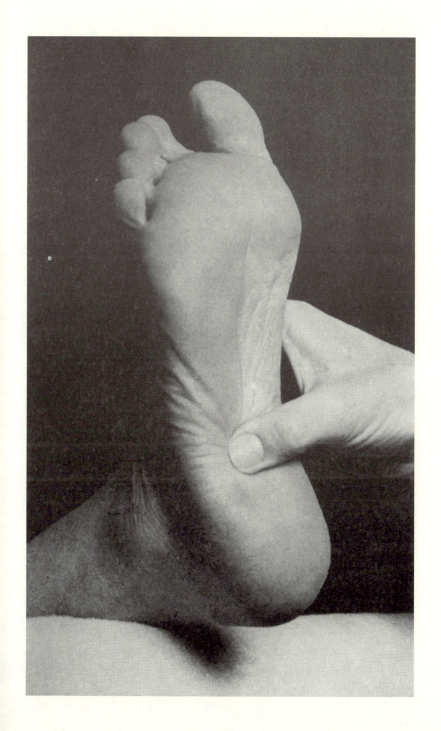

Sob o polegar, na região equivalente à da unha, está o reflexo do *rim esquerdo* e da *glândula supra-renal*. No pé, poderá ser claramente sentido como um tipo de grão de café.

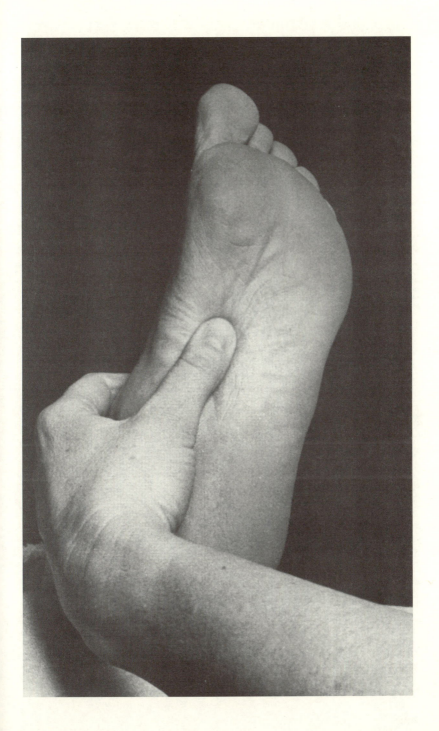

O ponto-reflexo da *bexiga* está dentro do círculo, na fotografia. Freqüentemente apresenta-se bastante intumescido. No caso de uma infecção da bexiga, esse ponto geralmente fica avermelhado.

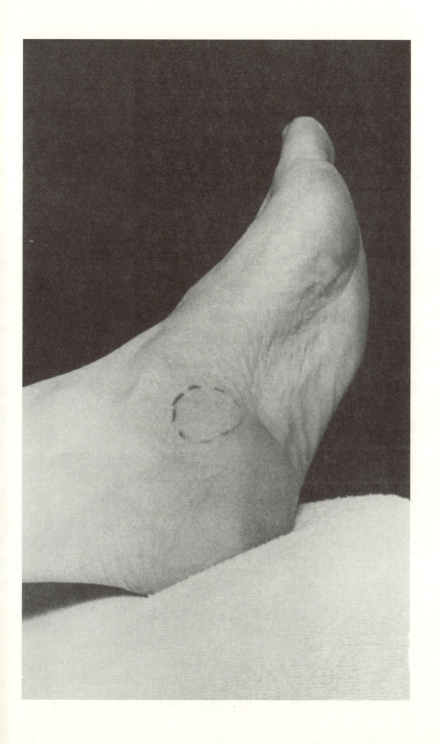

As áreas reflexas da *coluna vertebral*. Nessa fotografia, o polegar apóia-se no ponto-reflexo da sétima vértebra cervical. Os reflexos das vértebras ficam na borda dos ossos ao longo de todo o lado interno do pé. Os músculos estão próximos a estes (ver fotografia seguinte).

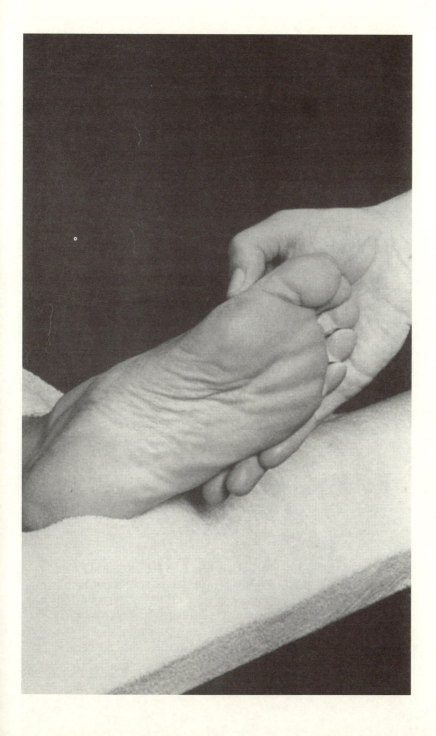

As pontas dos dedos da foto cobrem a área do reflexo da *vértebra lombar*, que está situada acima do ponto da bexiga. Existe a largura de um polegar entre elas, e essa área contém os reflexos da musculatura ao longo das vértebras lombares.

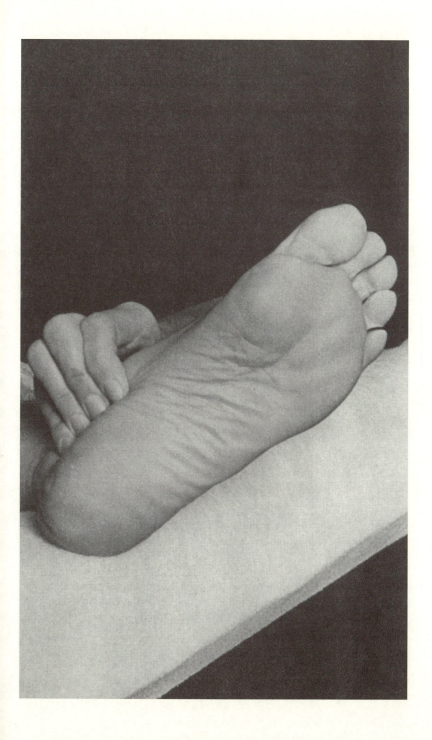

No calcanhar é possível saber qual a extensão do papel que o *nervo ciático* exerce na queixa do paciente.

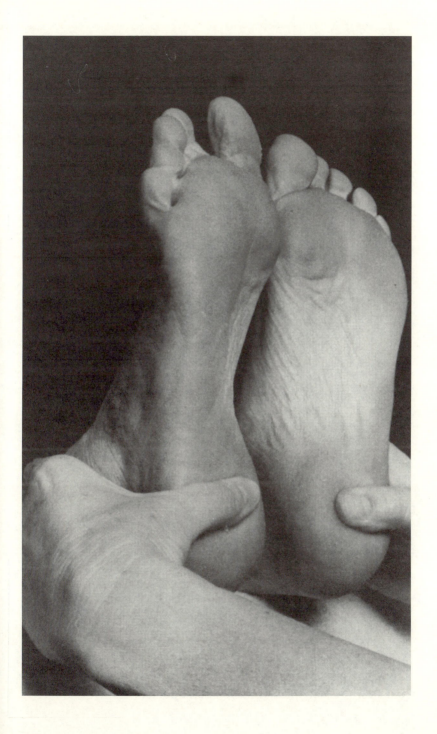

Sob a unha mostrada nesta foto se localiza o ponto-reflexo do *útero* nas mulheres e da *próstata* nos homens. Muitos problemas menstruais podem ser evitados massageando-se esse ponto.

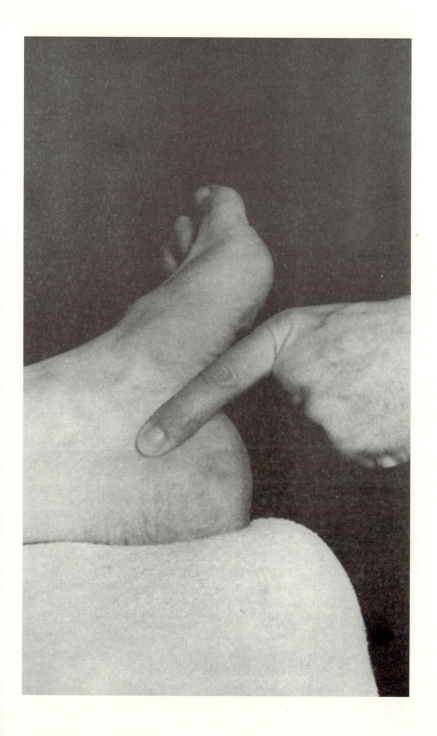

Na lateral externa do tornozelo, logo acima da área de reflexo dos músculos das nádegas, está o ponto-reflexo dos *testículos* nos homens e dos *ovários* nas mulheres. Ao contrário do ponto *útero/próstata*, que é arredondado, este ponto é alongado.

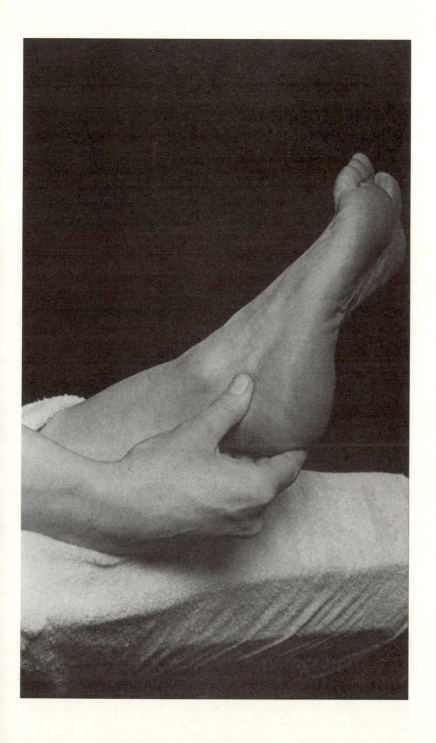

A foto mostra as pontas dos dedos no ponto-reflexo da *pélvis* e do *quadril*. Os músculos das nádegas estão situados a partir deste ponto até a borda inferior externa do pé. O reflexo da *borda do quadril* fica na altura do dedo mínimo e do anular.

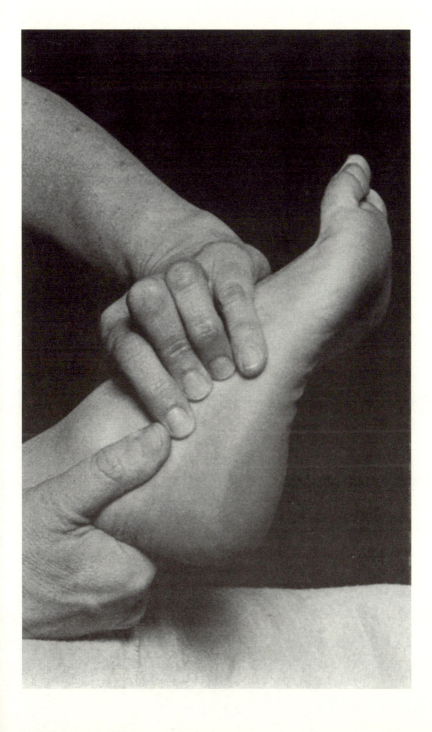

Ao lado da pélvis está o ponto-reflexo (indireto) do *joelho*, e durante a massagem é fácil distinguir o osso da musculatura. O ponto da *barriga da perna* está um pouco mais abaixo, na parte inferior do pé.

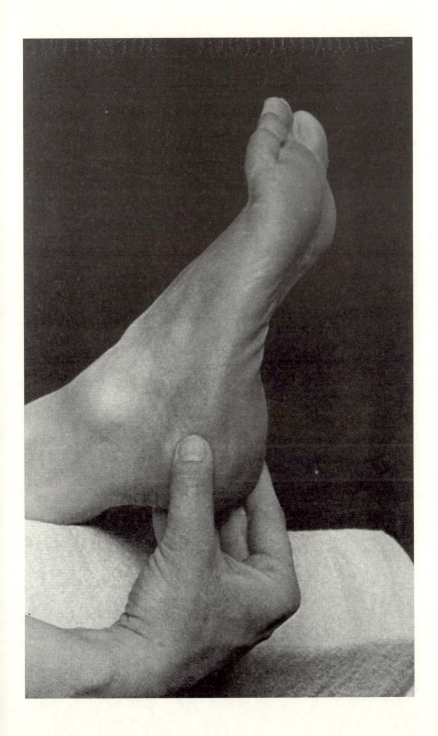

Os pontos-reflexos do *sistema linfático* do abdômen inferior e das pernas estão dos lados interno e externo do tornozelo. Na foto os polegares estão colocados nos pontos-reflexos da *virilha*. Se houver inchaço dos nódulos linfáticos na virilha, eles ficarão doloridos quando os reflexos forem massageados.

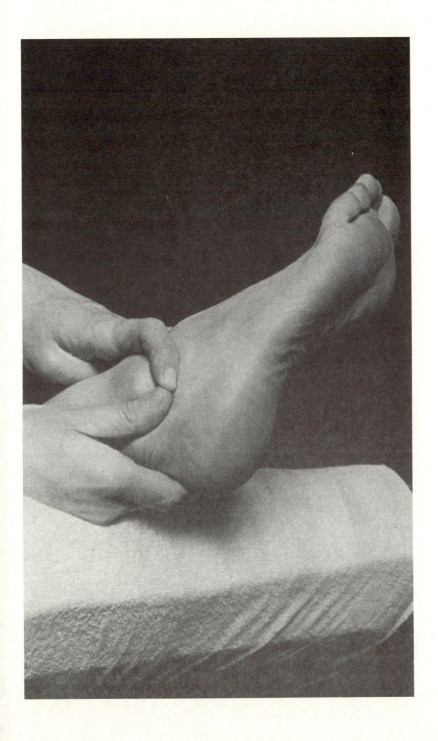

# PARTE V

# AS ÁREAS DE PROJEÇÃO NO PÉ

## Introdução à massagem

Antes de lidar com a massagem dos pontos-reflexos, é necessário familiarizar-se com algumas questões básicas. Depois de observar, sentir e, possivelmente, cheirar os pés, deve-se massagear uma perna e um pé, usando-se a técnica de *"effleurage"* (alisamento).

A junta do tornozelo é sacudida delicadamente, e a ponta do pé é girada a partir do tornozelo. Esses dois movimentos servem para relaxar a região pélvica e o abdômen superior.

Cada sessão de massagem no pé começa e termina com o *plexo solar*. Esse importante centro nervoso está sob o *diafragma*. Assim, devemos começar localizando a posição do ponto-reflexo do diafragma, no pé. Ele pode ser encontrado em uma linha horizontal sob a bola do pé e no eixo vertical a partir do artelho médio. Ao pressionarmos esses pontos-reflexos, com ambos os polegares, *nos dois pés* no momento em que o paciente inspira, e relaxarmos no momento em que o paciente expira, o corpo todo relaxa.

Deve-se notar que toda massagem feita em sincronia com a respiração do paciente terá um efeito mais poderoso.

## As áreas da cabeça

A vida no século XX exige grande exercício de tolerância e paciência. A tensão acumulada, freqüentemente, se expressa fisicamente em uma série de sintomas que começam na área da cabeça, em forma de dores (uma sensação de pressão), enxaquecas, problemas de visão, vertigens, dores faciais etc.

Logicamente, outros fatores poderão exercer um papel ou serem a própria causa dessas queixas. Mas, relaxar as partes da cabeça que sofrem desses problemas quase sempre proporciona alívio. Para isso massageamos as zonas reflexas da cabeça que ficam no grande artelho, nos quatro artelhos menores e na faixa sob esses quatro artelhos. Os lados dos artelhos também são importantes porque aí estão situados os pontos-reflexos dos nervos da cabeça. Estes, em geral, são extremamente sensíveis no pé e provocam uma dor aguda. O terapeuta deve possivelmente levar isso em conta. A massagem na área da cabeça também parece produzir bons resultados em casos de insônia.

*Figura 4* — As áreas reflexas da cabeça

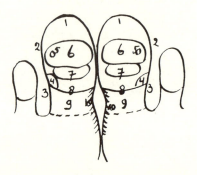

1. topo do crânio; 2. têmporas; 3. trigêmeo (nervo); 4. mastóideo; 5. pituitária; 6. córtex cerebral; 7. cerebelo; 8. linha do cabelo/base do crânio; 9. músculos do pescoço; 10. vértebras.

A *pituitária* exige tratamento separado. Ela é o "motor" de um grande número de glândulas que produzem secreção interna em nosso corpo, responsáveis pela produção de hormônios. Se alguma dessas glândulas estiver com deficiência, ela influenciará a pituitária e a massagem desse reflexo poderá ter um efeito normalizante.

O tratamento dos pontos-reflexos do *cérebro* tem efeito calmante e esclarecedor, e poderá contribuir, dentre outras coisas, para:

• reduzir os efeitos pós-anestésicos;
• perda de memória;

- danos no cérebro;
- sinais de paralisia.

Resultados surpreendentemente positivos têm sido obtidos com a massagem dos pontos-reflexos dos olhos e dos ouvidos (cegueira, surdez, infecções do ouvido).

A dor pode ser muito aliviada ao se massagear os pontos-reflexos dos dentes. Dores de dente, infecção das gengivas e dores resultantes de partes da raiz que foram deixadas nas gengivas podem ser reduzidas. Não é necessário dizer que maus dentes são, e sempre serão, assunto do dentista, e que o tratamento por reflexologia, certamente, não deverá excluir nenhum tratamento médico.

Entre as áreas da cabeça e o resto do corpo existe uma zona de transição que compreende o *complexo do pescoço e dos ombros*. Além das dores causadas por tensão no pescoço e nos ombros, a massagem desses pontos-reflexos poderá ter influência na tireóide, na paratireóide e no sistema linfático dos braços pelos nódulos das axilas. A tireóide, em particular, poderá reagir rapidamente, pois essa produtora de hormônios é extremamente sensível a emoções.

## As zonas do tórax

Os órgãos no *peito* e os do alto da *cavidade abdominal*, nos pés, localizam-se na posição dos metatarsos.

O sistema digestivo também pode ser encontrado nessa área.

No pé esquerdo, podemos distinguir o *pulmão esquerdo*, o *coração*, o *baço*, metade do *estômago* e, diretamente abaixo do estômago, grande parte do *pâncreas*.

O *baço* é a nossa maior glândula linfática. Esse ponto-reflexo poderá ficar dolorido no pé em todas as formas de infecção ou redução de resistência.

Os *pulmões* exigem atenção extra para todos os tipos de doenças relacionadas às vias aéreas, como, por exemplo, asma e bronquite.

O *coração* é um órgão que normalmente não é suscetível à dor durante o tratamento por reflexologia. No entanto, se o paciente estiver sob tensão ou (esteve) se excedendo, esse ponto-reflexo poderá responder de modo dolorido porque lhe estão sendo (ou foram) feitas exigências além do normal. Além disso, dor nesse reflexo poderá servir como advertência para diminuir o ritmo.

*O tratamento da área do coração é absolutamente proibido imediatamente após um ataque do coração, uma cirurgia cardíaca ou quando o paciente tem um marcapasso.*

A massagem poderá ser retomada quando o período de convalescença estiver completo e depois que os outros reflexos estiverem respondendo novamente de modo normal.

Corpos estranhos poderão começar a "perambular" como resultado do tratamento por reflexoterapia. Deste modo, poderão ir parar em uma parte vital do corpo, com conseqüências fatais.

A massagem poderá ter um efeito disruptivo para pacientes com *marcapasso*. Se o reflexo do coração não puder ser tratado, também não será possível tratar o pulmão esquerdo, por um tempo, pois estes dois reflexos estão consideravelmente sobrepostos.

A primeira parte do estômago inclui uma área com largura de dois dedos, diretamente sob a junta do grande artelho. O *esfíncter pilórico* tem um nome adequado pois é, de fato, um esfíncter. A esta área é aplicada a seguinte regra: no mau funcionamento do sistema nervoso autônomo, todos os reflexos dos esfíncteres ficam sensibilizados. O estômago é um órgão digestivo e, como tal, logo indica se há problemas no sistema. Como é freqüente no caso de tratamento das zonas de reflexos, o paciente poderá indicar que sente uma reação dolorida no ponto que está sendo trabalhado, sem sentir nenhuma dor no órgão em si. Em geral, aparece uma protuberância ou um endurecimento no pé, no ponto do reflexo do estômago, e isso mostra que o órgão está tenso. Se o paciente não estiver percebendo nenhum problema no estômago, é bem possível que ele sinta esta tensão como uma dor de cabeça ou uma dor no joelho, conforme explicado acima.

O *pâncreas* produz sucos que entram no duodeno. As *Ilhotas de Langerhans* do pâncreas produzem insulina, hormônio que regula o nível de açúcar em nosso sangue. Essas glândulas pertencem ao grupo de glândulas produtoras de secreções internas. Os diabéticos devem ser tratados somente com o acompanhamento de um médico, pois é possível que as funções do paciente se tornem irregulares, mesmo que suas glândulas estejam funcionando melhor.

O *pulmão direito*, o *fígado*, a *vesícula biliar*, a segunda parte do *estômago* e parte do *pâncreas* estão localizados no pé direito. Através do esfíncter pilórico chegamos ao *duodeno*.

O *fígado* tem um grande número de funções. A desintoxicação, isto é, a remoção de componentes prejudiciais do sangue, é muito importante. É um órgão grande e ocupa muito espaço, tanto no corpo como no pé.

A *vesícula biliar* situa-se sob a área do fígado em uma linha perpendicular entre o terceiro e o quarto artelhos. Exerce papel importante na digestão de gorduras e, de fato, este reflexo responde com mais sensibilidade após a ingestão de alimentos contendo alto teor de gordura. O reflexo do fígado poderá também ficar dolorido quando forem ingeridos muitos medicamentos. Pacientes que sofrem de enxaqueca podem ter grande sensibilidade também nos pontos-reflexos do estômago e da vesícula biliar, e não apenas durante uma crise de enxaqueca. Sabe-se que a náusea é um sintoma característico da enxaqueca, e, em alguns casos, o vômito pode até conter bílis.

O esfíncter pilórico segue essa mesma regra formulada acima.

O fenômeno bastante conhecido de os bebês vomitarem violentamente é uma reação convulsiva do esfíncter pilórico, e este pode ser relaxado com sucesso por meio da reflexologia. Às vezes ocorrem pequenas infecções no duodeno, particularmente quando este é um dos órgãos mais fracos do paciente.

## As zonas da cavidade abdominal

Estas são tomadas, sobretudo, pelos intestinos *grosso* e *delgado*. O ponto-reflexo do *apêndice* (um apêndice vermiforme) no início da seção vertical do cólon é também o ponto da *junção ileocecal*, lugar que evita que o alimento volte do intestino grosso para o delgado. Quando está tensa essa junção, que é um esfíncter controlado pelo sistema nervoso autônomo, fica mais ou menos aberta, resultando tanto em diarréia como em grande quantidade de gases. A massagem nesse ponto-reflexo faz com que essa junção relaxe e funcione normalmente.

No caso de acne também é possível tratar esse esfíncter em conexão com a circulação linfática. Em casos de constipação, a massagem desse ponto-reflexo também poderá produzir bons resultados.

Os reflexos internos são alguns dos poucos pontos que devem ser massageados sempre na mesma direção, no sentido horário. Se o

*Figura 5* — As zonas do tórax

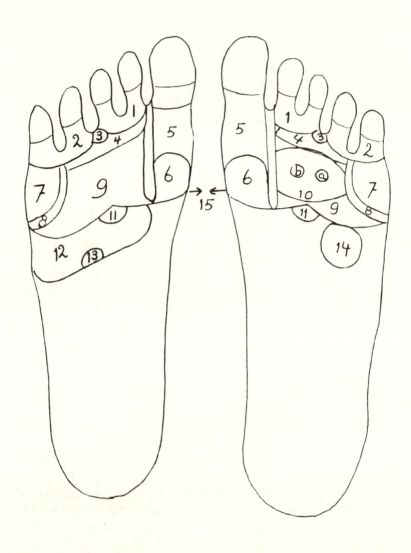

1. olho; 2. ouvido; 3. ouvido interno, tímpano, canal semicircular; 4. cinta peitoral; 5. garganta; 6. tireóide e paratireóide; 7. ombro; 8. axila; 9. pulmão; 10a. coração; 10b. válvulas do coração; 11. plexo solar; 12. fígado; 13. vesícula biliar; 14. pâncreas; 15. diafragma.

paciente estiver constipado, a dureza dos reflexos nos pés poderá ser claramente sentida e geralmente será dolorida durante o tratamento.

A área dolorida, bastante familiar, do *cólon espástico* (intestino delgado tenso) pode ser encontrada no pé esquerdo próximo à parte final da seção horizontal do cólon. O intestino delgado se contrai nesse local devido à tensão nervosa. O conteúdo do intestino forma um bolo e isso resulta em dor. O mau funcionamento do sistema intestinal poderá levar a muitos problemas em outras partes do corpo.

É necessário trabalhar de modo muito sistemático ao se tratar o *sistema urinário*. Para encontrar os rins deve-se começar com o ponto-reflexo da *bexiga*. Esse ponto é uma protuberância no lado interno de ambos os pés, normalmente visível e sempre fácil de sentir. Situa-se no arco, sob a curva do osso no lado interno dos pés, um pouco à frente do calcanhar e à distância de um polegar do osso. A bexiga pode ser grande ou pequena, e tanto pode estar na posição correta como ter tido um prolapso de maior ou menor extensão.

Sempre que o ponto da bexiga não estiver na lateral do pé, mas tiver se deslocado para o lado interno da sola do pé, tem-se a indicação de que há um prolapso de bexiga.

No caso de queixas em relação à bexiga, o músculo do esfíncter é importante devido à sua função nervosa autônoma. Tanto a enurese noturna como a incontinência (perda involuntária de urina) poderão ser influenciadas pela massagem nesse ponto-reflexo (a não ser que hajam outras causas).

A massagem da bexiga é aconselhável nos seguintes casos: infecções, presença de pedras nos rins, enurese noturna, incontinência urinária e pós-operatórios.

Se o grande artelho for ligeiramente curvado para trás, vê-se um tendão mostrando o ponto-reflexo da uretra, que se situa no lado medial. Seguindo esse reflexo em direção ao grande artelho, você encontra um ligeiro espessamento mais ou menos do tamanho de um grão de café: os *rins* e as glândulas supra-renais.

O reflexo dos rins, normalmente, é muito sensível, mas quando está fora de equilíbrio, a dor pode tornar-se insuportável. A glândula supra-renal, que também pode ser tratada, produz hormônios e localiza-se no lado superior e externo dos rins. Mulheres na menopausa beneficiam-se com a massagem desse reflexo porque os hormônios das glândulas supra-renais podem reduzir um pouco o esforço dos *ovários*.

As pedras nos rins podem ser claramente percebidas e mesmo o paciente poderá senti-las em seus pés. É possível tentar quebrar as pedras nos rins usando fricção. O *nervo ciático* fica na parte da sola dos pés correspondente à região pélvica. Esse ponto pode ser tratado tanto por causa de dor generalizada na região lombar como dor que irradia pela perna (ciática).

## A coluna vertebral

Os reflexos das vértebras do pescoço são encontrados diagonalmente encostados na primeira articulação do grande artelho no lado medial. O reflexo da sétima vértebra cervical localiza-se no ponto onde essa articulação encontra na lateral o grande artelho. Os pontos-reflexos das vértebras torácicas estão posicionados exatamente ao longo do metatarso do grande artelho. Os pontos-reflexos das vértebras lombares seguem o arco desses tarsos; no calcanhar passam pelos reflexos do sacro e, por fim, do cóccix.

O tratamento desses pontos-reflexos deve ser feito colocando-se o polegar na borda inferior do osso em um ângulo de 45º. As vias neurais que irradiam da coluna vertebral estão na mesma zona, encostadas diretamente na borda do osso, mas mais profundas.

Os pontos-reflexos dos músculos ao longo da coluna vertebral estão no tecido do pé à distância de um polegar da borda do osso. Quando esses músculos estão doloridos, o tecido torna-se notavelmente mais duro e, freqüentemente, é visível.

É importante praticar com freqüência para aprender a distinguir uma vértebra das outras, e como elas deveriam ser; deste modo, pode-se identificar imediatamente qualquer mudança na posição da coluna.

Em alguns locais ao longo da coluna vertebral poderemos sentir um espessamento do tecido, que pode estar dolorido. Estes correspondem aos *plexos*.

## A pélvis

Se você pode imaginar reconhecer uma pessoa pelos seus pés, certamente poderá entender que a área do tornozelo corresponde à pélvis, sendo que a superior está no lado externo dos pés, e a inferior estende-se um pouco mais abaixo, no lado interno dos pés.

*Figura 6* — As zonas da cavidade abdominal

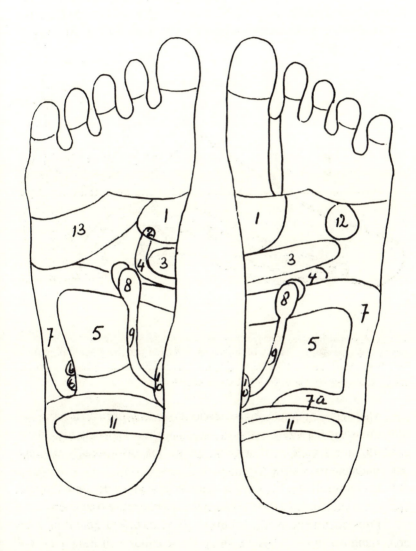

1. estômago; 2. esfíncter pilórico; 3. pâncreas; 4. duodeno; 5. intestino grosso; 6. apêndice, junção ileocecal; 7. intestino delgado; 7a. reto; 8. rim e glândula supra-renal; 9. uretra; 10. bexiga; 11. nervo ciático; 12. baço; 13 fígado.

*Figura 7* — A coluna vertebral

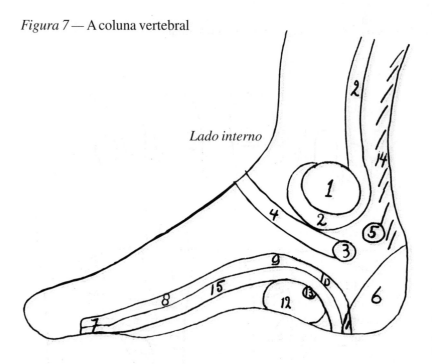

1. púbis; 2. sistema linfático do abdômen inferior e da virilha; 3. útero/próstata; 4. duco ovariano/duco de espermas; 5. esfíncter anal; 6. pélvis inferior; 7. vértebras cervicais; 8. vértebras torácicas; 9. vértebras lombares; 10. sacro; 11. cóccix; 12. bexiga; 13. esfíncter da bexiga; 14. ponto-reflexo: a. intestinos; b. coluna vertebral; c. zonas urogenitais.

Vamos iniciar com a região pélvica do *lado interno* do tornozelo.

O osso do tornozelo é o ponto do *púbis*. Quando distendido em um acidente ou após um confinamento, é uma boa idéia tratar esse ponto para ajudar o processo de cura.

O ponto-reflexo da *próstata* (para os homens) e do *útero* (para as mulheres) situa-se no meio da linha entre o tornozelo e o calcanhar.

Freqüentemente, a massagem do reflexo da próstata ajuda na volta ao tamanho normal e, desse modo, pode-se evitar a cirurgia quando é considerada necessária. A massagem desse ponto também tem efeito preventivo porque os pés normalmente indicam um estado de desequilíbrio muito antes do próprio órgão e, portanto, a massagem do ponto no pé poderá prevenir problemas que surgirão no próprio órgão.

O ponto-reflexo do útero, normalmente, é mais dolorido do que o normal antes da menstruação, e é óbvio que a massagem nesse local pode ser usada para lidar com problemas menstruais.

Se o útero está inclinado para a direita ou para a esquerda, isso pode ser visto nitidamente no pé. A direção da inclinação é mostrada por um espessamento na direção correspondente.

Durante a gravidez o ponto-reflexo do útero pode ser massageado normalmente a não ser que tenha havido aborto em gravidez anterior.

*O uso do DIU significa que o ponto-reflexo do útero não deve ser massageado.*

Pode acontecer de o DIU começar a "se deslocar".

Os ductos de esperma correm do lado interno para o tornozelo externo, a partir do ponto da próstata; o mesmo acontece com o ducto dos ovários, nas mulheres.

Diagonalmente acima dos pontos do útero ou da próstata, situa-se o esfíncter anal. Como este é um músculo esfincterial é preciso lembrar sua importância em problemas nervosos. A massagem desse ponto-reflexo geralmente produz bons resultados no caso de hemorróidas dolorosas.

Os reflexos dos *testículos* e dos *ovários* são encontrados, respectivamente, no *lado externo do tornozelo*. Os reflexos dos *ductos espermáticos* e dos *ovidutos* correm ao longo de uma linha que termina abaixo do tornozelo externo.

Em casos de acne em meninos adolescentes, é muito bom massagear este reflexo, obviamente depois de tratar a pituitária. Assim, regulariza-se a oleosidade da pele, pois a produção de testosterona é um fator que influencia a secreção excessiva de óleo. É o tipo de problema que, freqüentemente, pode ser tratado com sucesso, através da massagem dos pés.

De modo similar, isso se aplica em relação aos ovários, no caso de acne em meninas. Também se tem obtido bons resultados quando um *testículo* não se encaixa adequadamente no *escroto*. Nesse caso, a massagem deve ser feita a partir do ponto-reflexo do testículo, sobre o pé, até o reflexo da próstata, incluindo os pontos-reflexos do sistema linfático no abdômen inferior (veja Fig. 8). A massagem nos ovários também produz bons resultados em casos de mau funcionamento na ovulação (por exemplo, quando uma mulher pára de tomar pílulas anticoncepcionais), e no caso de cistos.

Os ductos linfáticos do abdômen inferior correm em torno do osso do tornozelo externo e interno, e podem ser comparados à virilha. Quando o corpo retém excesso de fluido, esses ductos podem ser massageados para estimular o tecido a segregar mais fluido. Começando logo acima dos dois ossos do tornozelo, esse reflexo situa-se em torno deles e sobe cerca de 4 cm ao longo do tendão de Aquiles. Nos dois lados, e anexo ao tendão de Aquiles nos dois pés, existe um número de pontos-reflexos que parecem repetir os órgãos pélvicos já abordados anteriormente, como intestinos, coluna vertebral, genitais e sistema urinário. Em algumas pessoas, esses pontos são extremamente doloridos e a massagem deve ser feita com cuidado para não exceder o limite da dor.

O ponto da *pélvis superior* corre da parte superior traseira do osso do calcanhar, sob o ponto dos testículos/ovários, ao longo dos tarsos, até o final do quinto metatarso. A última parte é o ponto-reflexo da cinta pélvica.

A parte macia, semicircular, junto aos tarsos é o reflexo dos músculos das nádegas. Estes podem ser claramente sentidos em pessoas que caminharam ou andaram de bicicleta durante um dia. Infelizmente, não é possível distinguir cada um dos três diferentes músculos das nádegas.

Os pontos-reflexos dos *joelhos* e da *barriga da perna* estão no lado externo do pé, na borda do osso do calcanhar. Ele são conhecidos como pontos "indiretos" porque são reflexos de membros. Não estão diretamente representados no pé, mas projetados na área de reflexo pélvico. Deste modo, podem ser massageados normalmente como pontos-reflexos diretos. Ao se tratar os pontos dos joelhos, é possível distinguir claramente a articulação e os tendões.

O ponto-reflexo da barriga da perna é importante em casos de cãibras e varizes. Em casos de cãibras em esportistas, é fácil perceber a diferença entre o reflexo de uma perna com cãibra e uma com funcionamento normal.

Finalmente, há uma intumescência esponjosa que pode ser vista e/ou sentida na parte superior do dorso do pé. Este ponto, bastante intumescido, e que às vezes adquire uma coloração azulada, corresponde a todos os tecidos de revestimento das partes internas, a pele e os músculos do estômago. Pode ficar sensível após cirurgias no estômago. Pode também indicar que o paciente tem barriga proeminente. A cor azulada é característica de má circulação.

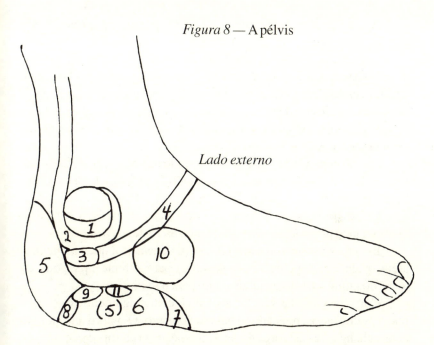

*Figura 8* — A pélvis

Lado externo

1. articulação da bacia; 2. sistema linfático, abdômen inferior e virilha; 3. ovários/ testículos; 4. oviduto/ ducto espermático; 5. pélvis superior; 6. músculos das nádegas; 7. cinta pélvica; 8. barriga da perna; 9. joelho; 10. revestimento do estômago.

## Reflexos de órgãos no lado interno dos pés

A área de reflexo no meio do pé, em primeira instância, corresponde às costelas. Quando os músculos peitorais estão doloridos ou machucados, isto é, após um processo de tosse ou acidentes esportivos, deve-se tratar essa área. A camada de tecido é mais fina no topo do que no resto do pé. Portanto, a massagem não deve ser muito profunda. Não se deve dobrar tanto o polegar, de modo que a área de contato com o tecido seja maior, e a dor, mais tolerável.

As *mamas* (seios femininos) são projetadas na região reflexa das costelas. Muitas mulheres dizem que seus seios ficam mais sensíveis antes e durante a menstruação e, em minha experiência, isso pode ser prevenido em virtualmente 100% dos casos através do massageamento suave desses pontos-reflexos, antes da menstruação.

A zona de reflexo da *circulação* e da *pressão sangüínea*, assim como todos os distúrbios do sangue, como o reumatismo, fica somente no pé esquerdo. (O reflexo do coração situa-se na sola deste pé.) Pessoas de pés frios são muito sensíveis nesse local. Ele pode ser massageado tanto em casos de pressão muito alta como muito baixa, porque a reação deve ser o equilíbrio da pressão sangüínea. Logicamente, podem haver outras causas físicas para a pressão alta, causas estas que também podem ser identificadas com a ajuda dos pés.

O *esterno* também pode ser encontrado na seção transversal oposta ao reflexo das vértebras torácicas ao lado do primeiro metatarso, embora termine um pouco antes das costelas.

Os pontos-reflexos do *cotovelo*, do *braço* e do *ombro* estão projetados no lado dessa área, correspondendo às costelas.

Em casos de *tennis elbow* (cotovelo de tenista), que na realidade afeta os tendões, o polegar deve se mover para a frente e para trás, em torno do ponto-reflexo da junta, como para o joelho.

Como no caso das vértebras, é possível distinguir entre os pontos-reflexos dos ossos, músculos e nervos do braço. O ombro, em si, já foi abordado no estudo da área de reflexo específico na sola do pé.

O ponto-reflexo da *cinta peitoral* fica no lado interno do pé, nas juntas dos artelhos. Pode-se descobrir a elasticidade ou a rigidez da cinta peitoral friccionando-se essas juntas.

Para problemas com os braços, deve-se massagear primeiro os pontos-reflexos das vértebras cervicais, em seguida o do músculo do pescoço, da cinta peitoral em ambos os lados do pé, do braço e, finalmente, do ombro.

## O sistema respiratório

Depois de anos de experiência, cheguei a uma importante conclusão. Todos os pontos-reflexos, do nariz aos brônquios, podem ser encontrados no grande artelho e no espaço entre este e o artelho seguinte (ver ilustração).

Se essa área for massageada logo no início de um resfriado, pode-se evitar que este se transforme em gripe. Se o resfriado já estiver instalado, o tratamento produzirá uma rápida resposta de aumento das secreções e sua eliminação como o muco nasal, espirros e tosse com

*Figura 9* — Reflexos de órgãos no lado interno dos pés

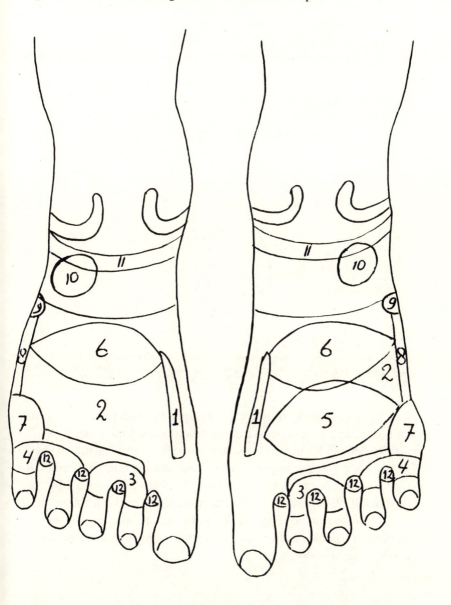

1. esterno; 2. costelas; 3. olho; 4. ouvido; 5. circulação; 6. mamas; 7. ombro; 8. braço; 9. cotovelo; 10. paredes do estômago; 11. ductos de esperma/ óvulos; 12. linfa/ abdômen superior; 13. vesícula biliar.

catarro. Também é possível determinar a extensão do resfriado, se ele está restrito às vias nasais ou se já se espalhou para a têmpora, sinus, garganta, ou até o trato respiratório inferior.

Logo embaixo da unha do grande artelho, mas acima da articulação, estão os pontos da cavidade bucal e dos incisivos. Essa área também inclui as gengivas, a raiz dos dentes e a membrana mucosa da boca.

*Figura 10* — O sistema respiratório

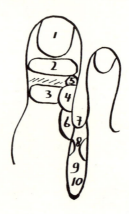

1. couro cabeludo; 2. incisivos/cavidade bucal; 3. nariz; 4. cavidade maxilar; 5. cavidade temporal; 6. amígdalas; 7. cavidade da garganta, e também glândulas linfáticas; 8. laringe; 9. traquéia; 10. brônquios.

Os pontos-reflexos que são massageados para tratar a dor resultante de cálculos na vesícula e da apendicite estão fora da descrição dos reflexos do pé. Numa crise aguda, o ponto fica "aprisionado" no pé ao se colocar o polegar no ponto-reflexo da vesícula biliar e o dedo indicador em ângulo reto sobre o pé, acima do ponto da vesícula biliar (ver ilustração). Essa posição deve ser mantida até que passe a dor no corpo.

O mesmo método é aplicado em casos de apendicite, colocando-se o polegar no ponto do apêndice e um dedo em ângulo reto a este, no centro das áreas do estômago.

# PARTE VI

# LISTA DE ALGUNS PROBLEMAS COMUNS E MÉTODOS DE TRATAMENTO

Abscesso
*Descrição*:
Acúmulo de pus sob a pele.
*Tratamento*:
O abscesso é trazido à tona por uma massagem cuidadosa do auto-reflexo da área afetada.

Acne
*Descrição*:
Termo genérico para infecções das glândulas sebáceas.
*Tratamento*:
Massagem dos reflexos do plexo solar, dos órgãos digestivos, da pituitária e dos ovários ou testículos, dos ductos linfáticos do abdômen superior e inferior, do fígado e do baço.
Conselho: auxiliar com o tratamento de pele feito por dermatologista.

Alergias
*Descrição*:
Condição de hipersensibilidade a influências internas ou externas.
*Tratamento*:
Massagem por reflexo no plexo solar, na pituitária e em todas as outras glândulas com secreção interna, no sistema linfático e na circulação.

Bexiga, prolapso
*Tratamento*:
Massagem por ponto-reflexo da bexiga e do esfíncter.

## Cálculos renais
*Descrição*:
Depósitos de cálcio nos rins.
*Tratamento*:
Localizar a pedra nos pontos-reflexos e tentar deslocá-la, por meio de massagem, dos reflexos dos rins em direção à bexiga através da uretra.

## Cicatrizes
*Tratamento*:
As cicatrizes tendem a se fundir com o tecido subjacente. Durante a massagem da área correspondente no pé, elas surgem como linhas doloridas e claramente visíveis, inchaços ou vincos. Com massagem regular, duas ou três vezes por semana, de um a quatro meses, pode-se obter bons resultados.
Cicatrizes recentes desaparecem com mais facilidade do que as antigas, embora as últimas também possam ser removidas.

## Constipação
*Descrição*:
Funcionamento dos intestinos torna-se difícil.
*Tratamento*:
Massagem por reflexo do estômago, dos intestinos grosso e delgado, da junção ileocecal, do reto, da circulação linfática do abdômen inferior, repetindo os reflexos ao longo do tendão de Aquiles.
Aconselhar dieta, como no caso de hemorróidas.

## Costelas, ferimentos
*Tratamento*:
Localizar a posição do ponto e massageá-lo.

## Cotovelo de tenista
*Tratamento*:
Massagem por reflexo das vértebras cervicais e dos músculos do pescoço, da cinta peitoral, do braço e do cotovelo.

## Dentes
*Tratamento*:
Massagem dos pontos-reflexos de todos os dentes.

### Distúrbios da visão
*Tratamento*:
Massagem por reflexo do plexo solar, dos olhos, dos rins e do estômago.

### Distúrbios do fígado
*Tratamento*:
Durante o período de convalescença de uma doença no fígado, é permitido massagear o reflexo do fígado.

### Distúrbios do ouvido
*Tratamento*:
Massagem nos pontos-reflexos do ouvido e da circulação linfática do abdômen superior.

### Distúrbios menstruais
*Tratamento*:
Uma semana antes da menstruação, massagear os pontos-reflexos do útero, da pélvis, da circulação linfática do abdômen inferior, das vértebras lombares e sacras.

### Dor de cabeça
*Tratamento*:
Tratar todos os reflexos do pé, e tentar determinar em que órgãos ou sistemas está a causa, por exemplo, efeitos hormonais, digestão, bílis, cinta peitoral, coluna vertebral, olhos etc.

### Dores nas costas
*Tratamento*:
Massagem por reflexo na coluna vertebral e nos músculos anexos a ela, na pélvis e, possivelmente, no estômago e nos intestinos. Ver, também, tensão nervosa (*stress*). Atenção à conduta.

### Dores nos seios, pré-menstrual
*Descrição*:
Sensibilidade excessiva resultante do inchaço do tecido interno das mamas, antes da menstruação.
*Tratamento*:

Massagem dos pontos-reflexos dos seios duas vezes por semana, em torno de dez dias antes da menstruação.

### EDEMA
*Descrição*:
Acúmulo de fluidos em camadas profundas da pele.
*Tratamento*:
Massagem no ponto-reflexo do local do edema, e na circulação linfática.

### ENURESE NOTURNA
*Descrição*:
Urinar involuntariamente à noite. Pode ser tratada, especialmente em crianças.
*Tratamento*:
Massagem por reflexo nos rins. (Verifique primeiro se não há necessidade de supervisão médica.)

### ENXAQUECA
*Descrição*:
Crises de dor em um lado da cabeça, que normalmente duram algumas horas, acompanhadas por náuseas e, às vezes, vômitos.
*Tratamento*:
Tratar como dor de cabeça. É importante que o tratamento tenha continuidade. Com o tempo, a enxaqueca poderá desaparecer completamente. No início, as crises poderão piorar, mas se o tratamento for continuado, elas se tornarão menos freqüentes e, finalmente, irão desaparecer totalmente.

### GRAVIDEZ
*Tratamento*:
Massagem por reflexo em toda a região pélvica, estimulando a circulação, pode beneficiar a gravidez e o parto pela melhoria de condições gerais.

### HEMORRÓIDAS
*Descrição*:
Veias varicosas na região anal.

*Tratamento*:
Massagem do ponto-reflexo do esfíncter anal, dos reflexos dos intestinos grosso e delgado e do reto, e do ponto da circulação linfática do abdômen inferior.
Aconselhar dieta para estimular o movimento peristáltico.

INFECÇÃO DA BEXIGA
*Descrição*:
Reação crônica ou aguda da bexiga a estímulos prejudiciais.
*Tratamento*:
Massagem por ponto-reflexo dos rins, da uretra e da bexiga, da circulação linfática do abdômen inferior.

INFERTILIDADE
*Tratamento*:
Massagear os seguintes pontos-reflexos: plexo solar, pituitária, ovário, especialmente entre menstruação e ovulação, o oviduto e o útero, a pélvis e a circulação linfática do abdômen inferior.

MENOPAUSA
*Descrição*:
Complexo de fatores físicos e psicológicos que acompanham o fim definitivo da menstruação.
*Tratamento*:
Massagem por reflexo da pituitária e das glândulas supra-renais. (Estas geralmente produzem um suplemento hormonal, diminuindo a intensidade do problema.)

PERNAS, CÃIBRAS
*Descrição*:
Contração normalmente involuntária dos músculos, acompanhada de dor.
*Tratamento*:
Massagem dos pontos-reflexos da pélvis, da barriga da perna e da circulação linfática.

PROBLEMAS NOS JOELHOS
*Tratamento*:

Massagem por reflexo na pélvis, na circulação linfática do abdômen inferior, nas vértebras inferiores e no joelho.

Resfriados
*Tratamento*:
Massagem dos seguintes pontos-reflexos: nariz, garganta, amígdalas, garganta, traquéia e pulmões, circulação linfática do abdômen superior e, possivelmente, dos olhos e dos ouvidos.

Tensão nervosa / *stress*
*Tratamento*:
Massagear todo o pé de modo ritmado, mas não com muita profundidade. Não fazer massagem extra em pontos doloridos.

Testículos
*Tratamento*:
Massagem por reflexo dos testículos, dos ductos espermáticos e da próstata, da circulação linfática do abdômen inferior.

Varizes
*Descrição*:
Veias sangüíneas e/ou ductos linfáticos torcidos e dilatados, neste caso nas pernas.
*Tratamento*:
Massagem por reflexo da barriga da perna e da circulação linfática da perna.

Zumbido no ouvido
*Tratamento*:
Massagem dos pontos-reflexos dos ouvidos e dos pontos-reflexos do ouvido interno.

## Leia também

### GINÁSTICA FACIAL ISOMÉTRICA
#### Mantenha a juventude de seu rosto
#### Marguerite Petkova

Totalmente ilustrado com fotografias, este livro mostra como praticar exercícios que melhoram a circulação sangüínea e fortificam os músculos, tendo como resultado o rejuvenescimento do rosto e uma aparência mais saudável. REF. 20364.

### MASSAGEM – A TERAPIA DOS DEUSES
#### Elementos de massoterapia
#### René Marcos Orsi

Os fundamentos da massagem e suas variadas aplicações na vida moderna. Ilustrado com numerosas fotos e desenhos, o livro trata da massagem visando a prevenção de problemas físicos e emocionais e, por fim, da massagem erótica. Um livro de ampla aplicação. REF. 20228.

### ESTRESSE
#### Rochelle Simmons

Informações de caráter prático sobre este "mal do século" tão citado e pouco entendido. Descreve a natureza do estresse, técnicas de relaxamento e respiração, ensina a acalmar os sentidos e a gerenciar o estresse de forma positiva. REF. 20708.

### STRESS A SEU FAVOR
#### Como gerenciar sua vida em tempos de crise
#### Dra. Susan Andrews

Já que evitar o estresse hoje é impossível, a dra. Susan, que é monja, psicóloga e ambientalista, ensina como lidar com ele. Ela explica ao leitor o que está acontecendo com seu corpo quando se estressa e ensina técnicas de relaxamento, respiração, massagem e meditação. O livro é ilustrado, e faz bem para o corpo e para a alma. REF. 20825.

### SATO, O POETA NADADOR
#### Ana Figueiredo

Sato, um mestre no completo sentido da palavra, ensinou várias gerações de paulistanos a nadar bem. Mais do que isso, ele preparou seus discípulos para a vida. Ana Figueiredo recolheu vários trechos de suas falas durante anos e, com amor e dedicação, fez um livro-poema muito zen. Para as pessoas que conheceram Sato e para aquelas que anseiam por mestres. REF. 20718.

## EXERCÍCIOS DE BIOENERGÉTICA
### O caminho para uma saúde vibrante
### Alexander Lowen e Leslie Lowen

O trabalho corporal da Bioenergética inclui tanto procedimentos de manipulação como exercícios especiais. Esses exercícios foram desenvolvidos pelos autores ao longo de mais de vinte anos de trabalho terapêutico e, inclusive, ajudam na prevenção de distúrbios emocionais. REF. 20215.

---

## OS CINCO ELEMENTOS NA ALIMENTAÇÃO EQUILIBRADA
### J. Fahrnow e I. Fahrnow

Finalmente, um livro que ajuda o leitor a compor um cardápio de acordo com a sua necessidade energética pessoal, sem fanatismos. É uma proposta que se baseia no equilíbrio dos cinco elementos: madeira, fogo, metal, terra e água. A abordagem é integrativa e trata a culinária como uma arte visual, filosófica e degustativa. Com receitas e tabelas elucidativas. REF. 20796.

---

## O CORPO REFLETE O SEU DRAMA
### Somatodrama como abordagem psicossomática
### Christina A. Freire

Christina A. Freire criou o somatodrama, um modo de trabalhar que associa as técnicas do psicodrama aos estudos da psicossomática. Ela tem se destacado nessa área e orienta grupos em todo o Brasil e em vários países. Este livro é do interesse de médicos e terapeutas de todas as linhas, que buscam uma visão integradora do paciente. REF. 20781.

---

## VÍCIOS
### Deirdre Boyd

Os vícios – álcool, drogas, sexo, jogo, alimentos e fanatismos – constituem um dos maiores problemas a enfrentar atualmente no mundo todo. Eles comprometem a vida de pessoas de idades e classes sociais variadas, tanto as adictas quanto seus familiares e companheiros. O guia mostra os últimos estudos sobre as origens dos vícios, suas similaridades e como lidar com cada um deles. REF. 20711.

IMPRESSO NA
**sumago** gráfica editorial ltda
rua itauna, 789   vila maria
**02111-031**   são paulo   sp
telefax 11 **6955 5636**
**sumago**@terra.com.br

------- dobre aqui -------

> ISR 40-2146/83
> UP AC CENTRAL
> DR/São Paulo

## CARTA RESPOSTA
## NÃO É NECESSÁRIO SELAR

O selo será pago por

**SUMMUS EDITORIAL**

05999-999 São Paulo-SP

------- dobre aqui -------

REFLEXOTERAPIA

# CADASTRO PARA MALA-DIRETA

**Recorte ou reproduza esta ficha de cadastro, envie completamente preenchida por correio ou fax, e receba informações atualizadas sobre nossos livros.**

Nome: _____ Empresa: _____
Endereço: ☐ Res. ☐ Coml. _____ Bairro: _____
CEP: _____ - _____ Cidade: _____ Estado: _____ Tel.: ( ) _____
Fax: ( ) _____ E-mail: _____ Data de nascimento: _____
Profissão: _____ Professor? ☐ Sim ☐ Não  Disciplina: _____

**1. Você compra livros:**
☐ Livrarias  ☐ Feiras
☐ Telefone   ☐ Correios
☐ Internet   ☐ Outros. Especificar: _____

**2. Onde você comprou este livro?** _____

**3. Você busca informações para adquirir livros:**
☐ Jornais   ☐ Amigos
☐ Revistas  ☐ Internet
☐ Professores ☐ Outros. Especificar: _____

**4. Áreas de interesse:**
☐ Psicologia          ☐ Comportamento
☐ Crescimento Interior ☐ Saúde
☐ Astrologia          ☐ Vivências, Depoimentos

**5. Nestas áreas, alguma sugestão para novos títulos?** _____

**6. Gostaria de receber o catálogo da editora?** ☐ Sim ☐ Não
**7. Gostaria de receber o Ágora Notícias?** ☐ Sim ☐ Não

**Indique um amigo que gostaria de receber a nossa mala-direta**

Nome: _____ Empresa: _____
Endereço: ☐ Res. ☐ Coml. _____ Bairro: _____
CEP: _____ - _____ Cidade: _____ Estado: _____ Tel.: ( ) _____
Fax: ( ) _____ E-mail: _____ Data de nascimento: _____
Profissão: _____ Professor? ☐ Sim ☐ Não  Disciplina: _____

**Editora Ágora**
Rua Itapicuru, 613  7º andar  05006-000  São Paulo - SP  Brasil  Tel (11) 3872 3322  Fax (11) 3872 7476
Internet: http://www.editoraagora.com.br  e-mail: agora@editoraagora.com.br

cole aqui